Lala Citta

吳哥窟
胡志明

Angkor Wat Ho Chi Minh

Lala Citta是義大利文的「城市=La Citta」，
和享受輕快旅行印象綜合而成的用語。
書中匯集了宏偉壯闊的吳哥窟遺跡群巡禮
以及異國美食、可愛雜貨等……
不可錯過的旅遊時尚新主題。
當你在想「今天要做什麼呢」時
就翻翻這本書吧。
歡樂旅遊的各種創意都在書中。

柬埔寨
吳哥遺跡&
暹粒

依類別區分
推薦景點

越南 胡志明

本書的標示

🌐 世界遺產		Ⓢ	單人房，或是單人使用雙人房的住宿費
必看景點		Ⓣ	雙人住宿一晚的費用
絕佳景觀		🍽	有餐廳
所需時間大約30分		SHOP	有商店
所需時間30～120分		🏊	有泳池
所需時間120分以上		🏋	有健身房
需事先訂位		美容	有美容沙龍／三溫暖
有英文版菜單英語			
Ⓔ 有諳英語的員工			

🚕 交通　🏠 地址　📞 電話號碼　🕐 開館時間、營業時間
🈺 公休　■ 費用

其他注意事項

●本書所刊載的內容及資訊，是基於2018年6月時的取材、調查編輯而成。書籍發行後，在費用、營業時間、公休日、菜單等營業內容上可能有所變動，或是因臨時歇業而有無法利用的狀況。此外，包含各種資訊在內的刊載內容，雖然已經極力追求資訊的正確性，但仍建議在出發前以電話等方式做確認、預約。此外，因本書刊載內容而造成的損害賠償責任等，敝公司無法提供保證，請在確認此點後再行購買。
●地名、建築物在標示上參考政府觀光局等單位提供的資訊，並盡可能貼近當地語言的發音。
●休息時間基本上僅標示公休日，略過過年期間、宗教節日、國定假日等節日。
●費用的標示為成人的費用。
●費用的標示為未稅金額，餐廳、商店、SPA、飯店等場所有時須另外加收稅金、服務費。

吳哥窟＆胡志明

秘藏的 絕美風光

9～15世紀於中南半島繁盛一時的
吳哥王朝歷史舞台——吳哥窟，
以及鄰國越南最大的城市——胡志明
的精彩焦點如下。

河內

暹粒
柬埔寨　　越南
金邊
胡志明市

安置在中央祠堂
的佛陀像

從吳哥窟的第三迴廊沿著陡峭階梯而下

從山頂的巴肯寺能眺望埋沒在叢林間的吳哥窟

吳哥窟 *Angkor Wat*

暹粒市位居柬埔寨的西北
方，周邊共有700多座吳哥
遺跡。其中最著名的就是被
譽為最高傑作的吳哥窟。爬
上陡急階梯近距離欣賞中央
祠堂、因日出的光線形成動
人的黑色剪影、從熱氣球上
欣賞被夕陽渲染成一片橘紅
的景色，每一幅畫面皆令人
留下深刻的回憶！

美食

添加大量香草和蔬菜、調味
溫和的高棉料理，一定要嘗
嘗看。辛香料比起其他東南
亞國家較不具刺激性，可以
放心地大快朵頤。

娛樂

到酒吧街體驗夜生活，欣賞
源自於吳哥王朝時代，豪華
絢爛的阿帕莎拉舞蹈都是不
可錯過的焦點！

購物

出自柬埔寨當地設計師之
手的流行服飾、以柬埔寨
植物製成的化妝品等日常
即可使用的商品，選擇性
十分豐富。

黎明破曉前朦朧夢幻的吳哥窟

胡志明 *Hồ Chí Minh*

聖母大教堂是同起街上的
必訪景點

胡志明是越南經濟的中心城
市，美麗的街道上還保留著聖
母大教堂、胡志明市人民委員
會大廳等法國殖民地建築，吸
引眾人的目光。觀光的重心為
商店、餐廳齊聚的同起街，裁
縫店林立的巴士德街、Tôn
Thất Thiệp街等街區也很值
得一逛。

美食

有麵類、用菜葉包起來吃的
越南煎餅等，以能攝取多樣
蔬菜的健康料理居多，說不
定返國前連肌膚的狀況都變
好了呢！

購物

訂製服飾、刺繡等吸睛的流
行單品皆出自手工靈巧的越
南人。快的話隔天就能取
件，因此建議一抵達當地就
先前往下單。

娛樂

跟台灣相比幾乎半價就能享受各種
SPA療程，為胡志明市的魅力之一。
若回程的班機時間較遲，也可利用時
間消除一身的疲憊後再前往機場。

5天3夜經典行程

造訪遺跡、品嘗美食、欣賞阿帕莎拉舞蹈等樂趣無窮的吳哥窟之旅，
最重要的關鍵在於行前安排，以下是可享120%精彩時光的經典行程推薦！

從台灣
有直飛航班

ADVICE!
台灣有中華、長榮等航空公司往
返暹粒，但必須在曼谷、金邊等
地轉機。從台灣直飛的航班皆為
與旅行社合作的包機行程，目前
僅柬埔寨航空有開放散客訂位

1：入住殖民地建築風
格的美麗飯店（→P68）
2：知名餐廳林立的酒
吧街
3：The Red Piano能
喝到由世界著名女星自
創調配的雞尾酒

DAY 1
第一天
就先去
酒吧街朝聖

 15:15
抵達暹粒
↓ 車程20分

 17:00
暹粒市中心的飯店
辦理入住手續
↓ 車程5分

18:00
到酒吧街的
The Red Piano
（→P32）吃晚餐
↓

19:00
享受SPA消除旅途
疲憊後返回飯店

店名由來的
紅鋼琴置於2樓

1

2　3

DAY 2
觀光&
購物&娛樂
行程滿檔的一天

08:00
參觀大吳哥城
↓ 車程30分

12:00
午餐到舊市場
（→P30）周邊的
Champey
Restaurant
（→P35）
品嘗高棉菜
↓ 步行5分

13:00
遊逛舊市場
購物
↓ 車程30分

續P7

行程備案
若要欣賞從吳哥窟後方冉冉上
升的日出景致就參加旅行社的
行程吧（→P46）。

Champey
Restaurant能吃到
多樣的傳統
柬埔寨菜

1

1：位於大吳哥城正中央的
巴戎寺（→P14）
2：舊市場內能買到殺價後
約US$1左右的水布等商品
3：Traditional Khmer
Food（→P16）也很推薦

2　3

14:00
參觀吳哥窟

↓ 車程5分

17:30
搭乘吳哥窟熱氣球(→P17)
欣賞夕陽與吳哥窟

↓ 車程30分

以一般的高棉菜為主

20:00
阿帕莎拉舞蹈(→P31)
&晚餐

↓ 車程30分

結合阿帕莎拉舞蹈與自助百匯的用餐型態佔多數

22:00
到酒吧街逛酒吧
(→P32)

1：第三迴廊的陡峭階梯，往下走時不禁令人雙腳發軟 2：人人必去壯觀的吳哥窟
3：吳哥窟熱氣球若遇天候狀況不佳將取消升空4：阿帕莎拉舞蹈(→P31)相當值得一看

DAY 3
購物&觀光
前往胡志明

07:00
參加行程到洞里薩湖觀光

↓ 車程1小時

從市內往洞里薩湖的沿途為綿延的鄉間小道

14:00
出發前往
暹粒國際機場

↓ 車程20分

16:00
從暹粒國際機場
起飛

↓ 航程1小時

17:00
抵達胡志明市

↓ 車程30分

18:00
同起街的飯店
辦理入住手續

↓ 步行即到

1：能一窺船上人家生活樣貌的洞里薩湖(→P38)
2：前往洞里薩湖的途中，有時還能見到蓮花田

19:00
到同起街
購物&晚餐

↓ 步行即到

不妨選擇越南陶瓷器當伴手禮吧（AUTHENTIQUE home→P78）

3：同起街周邊的話推薦越南菜色豐富的Vietnam House(→P97)
4：胡志明市的地標——聖母大教堂(→P91)
5：訂製服裝需1～2個工作天，請盡早完成下訂程序

21:00
返回飯店

DAY4
最後一天
依然可從白天玩到夜晚

1：胡志明最大的市場——濱城市場
2：透過使用天然素材的療程讓身心得到療癒
3：從金融塔(→P92)將街景盡收眼底

行程備案

也很推薦光顧高級飯店的頂樓酒吧，消磨等候前往機場報到的時間。

DAY5
抵達台灣

07:30
前往統一宮(→P94)

↓ 車程10分

10:00
遊逛同起街

↓ 步行即到

11:00
Hoàng Yến(→P85)
享用越南家常菜

↓ 車程5分

13:00
濱城市場(→P95)&
巴士德街
大享購物趣

↓ 步行5分

15:00
在L'usine(→P86)
度過咖啡時光

↓ 步行3分

17:00
前往Xuan Spa(→P88)

↓ 步行3分

19:00
Nghi Xuân(→P85)
品嘗宮廷料理

↓ 步行10分

22:00
回飯店領取行李，
前往新山一國際機場

↓ 車程30分

01:25
從新山一國際機場
起飛

05:55
抵達桃園國際機場

行程備案

先辦理退房手續，行李寄放在櫃檯即可。

Hoàng Yến以風味樸實的單點料理為主

4：古老公寓內的時尚空間（L'USINE）
5：晚餐稍微奢侈一點到 Nghi Xuân 享用高級宮廷料理

+α行程再多一天的話

若為6天4夜的行程，大部分會選擇在暹粒多留一天。建議可前往吳哥窟近郊的塔普倫寺（→P23）以及稍微遠一點的女皇宮（→P29）等景點。

塔普倫寺
盤根錯節在遺跡上的絞殺榕，營造出一幅獨特的景觀

女皇宮
埋沒在荔枝山麓叢林間的廢墟，因優美的外觀而有「女人的城堡」之稱

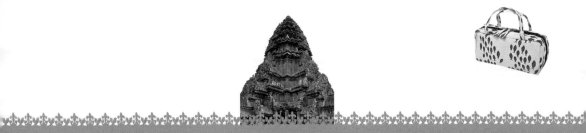

Siem Reap

暹粒

既然來到這座城市，
當然不能錯過吳哥窟和大吳哥城。
白天參觀各個遺跡，
午餐和晚餐則到暹粒街上覓食♪
不只道地的高棉菜，
高水準的各國佳餚也很值得一嘗。

Contents

暹粒 區域 *Navi*

出發前Check!

最吸睛的景點——吳哥窟，
就位於暹粒市中心北邊約5km處。
舊市場周邊及
西瓦塔大道周邊
店家和餐廳集聚。

❶ *Around Old Market* MAP 別冊P5A3
舊市場周邊

為外國旅客眾多的暹粒最熱鬧的區域。時尚咖啡廳、餐廳、酒吧、伴手禮店並排而立，直到深夜依舊燈火通明。

CHECK! ●舊市場→P16·30·63
●酒吧街→P32

❷ *Around Sivatha Blvd.* MAP 別冊P4、5
西瓦塔大道周邊

縱貫暹粒市區南北的主要大街。沿路上餐廳、飯店、伴手禮店林立，也有便利商店。

CHECK! ●Cafe Indochine→P57●Angkor Market→P64

❸ *National Rd.6 West* MAP 別冊P4、6
國道6號西側

從機場一路延伸至市內的國道6號西側區域，有大大小小的飯店散布其間。市中心的國道沿線上，還有知名柬埔寨菜餐廳之類的隱藏版美食景點。

CHECK! ●Banteay Srei Restaurant→P35

❹ *Around Wat Bo St.* MAP 別冊P4、7
沃波路周邊

街道幾乎與暹粒河平行，18世紀興建的沃波寺就佇立於其間。以小型飯店和民宿居多，為熱門的背包客聚集區。

CHECK! ●Mr. Grill→P58

旅遊季節

柬埔寨新年與亡人節（中元節）是年度的兩大盛事，返鄉人潮眾多，屆時須留意大眾運輸工具和旅宿皆會有特別的收費。新年期間由於柬埔寨人也蜂擁而至，因此吳哥遺跡人滿為患。

主要節日

1月1日	元旦
1月7日	勝利日
1月31日	麥加寶蕉節※
3月8日	國際婦女節
4月14～16日	柬埔寨新年※
4月29日	比薩寶蕉節※
5月1日	國際勞動節
5月3日	禦耕節※
5月13～15日	國王華誕
5月20日	悼念日
6月1日	兒童節
6月18日	國母華誕
9月24日	立憲節（國王重登基日）
10月8～10日	亡人節(中元節)※
10月15日	西哈努克國王悼念日
10月23日	巴黎和平協定紀念日
10月29日	國王登基日
11月9日	獨立節
11月21～23日	送水節※
12月10日	國際人權節

氣候與建議

暹粒的氣溫全年幾無變化，但除了雨季、乾季外還有暑季。

暑季 3～5月	溫度從早上就開始攀升，白天可達40℃上下。漫步街頭或造訪遺跡時，為了預防中暑請戴上帽子，並隨時補充水分以免造成熱衰竭。另外不妨帶件長袖備用，若室內冷氣太強即可穿上。
雨季 6～10月	雖然會降下激烈的陣雨，但一天不過1～2小時左右。可隨身攜帶塑膠雨衣以防陣雨突襲，前往遺跡觀光時也比較安心。請穿著夏日服裝，並多帶一件長袖避免室內冷氣過強。
乾季 11～2月	不會遇到下雨、氣溫也較為涼爽，是柬埔寨觀光的最佳季節。白天的高溫雖與台灣夏天無異但早晚偏涼，最好帶件長袖或薄外套。

※記號的節日及活動每年日期不一，上述為2018年的資料

往吳哥窟 🚇
吳哥艾美飯店 🏨
吳哥索菲特傳奇拉飯店 🏨

吳哥國家
博物館

國道6號西側

吳哥萊佛士
大飯店 🏨

國道 ③
6號西側

② 西瓦塔大道周邊

舊市場周邊 ①

舊市場 ④
沃波路周邊

卍沃波寺
王室別墅

寶劍塔 • ⑧ 往 遺跡群北部 ↑
皇宮
巴戎寺 ⑥ 遺跡群東部
大吳哥城 • 塔普倫寺
巴肯寺▲ ⑤ 吳哥窟&大吳哥城周邊
🛬 暹粒國際機場
吳哥窟 •

暹粒
• 舊市場

國道6號
國道6號 羅雷寺 •
羅洛士遺跡群 ⑦
神牛寺 •
巴孔寺 •

⑤ *Around Angkor Wat & Angkor Thom* MAP 別冊 P2

吳哥窟&大吳哥城周邊

吳哥遺跡群中兩大著名遺跡的所在區域，以夕陽景點廣受歡迎的巴肯寺（→P21）也在其間。

CHECK!
● 大吳哥城→P13
● 吳哥窟→P17

⑥ *East Part of Angkor Monument Complex*

遺跡群東部 MAP 別冊 P2~3

綿延於大吳哥城東側的區域，有塔普倫寺、寶劍塔等中規模的遺跡以及涅槃宮之類的小遺跡錯落其中。

CHECK!
● 塔普倫寺→P23
● 寶劍塔→P24
● 涅槃宮→P25

⑦ *Roluos Monument Complex* MAP 別冊 P3

羅洛士遺跡群

在吳哥窟周邊尚未興盛前曾為王朝的所在地，有現存歷史最悠久的遺跡——神牛寺、能一窺古老浮雕的巴孔寺與羅雷寺三座遺跡。

CHECK!
● 巴孔寺→P40
● 神牛寺→P40
● 羅雷寺→P40

⑧ *North Part of Angkor Monument Complex*

遺跡群北部 MAP 別冊 P3

有被譽為吳哥美術傑作的女皇宮以及多座近年才開放參觀的遺跡，猶如埋沒在叢林中的遺跡相當值得一看。

CHECK!
● 崩密列寺→P27
● 荔枝山→P28
● 女皇宮→P29

柬埔寨
Profile

暹粒 •
• 金邊

● 正式國名／都市名
柬埔寨王國
暹粒（首都:金邊）

● 人口／面積
約1576萬人（2016年）
約18萬1035km²

● 語言　高棉語

● 貨幣與匯率
R100＝約0.78元
（2019年6月）
關於貨幣種類→P110

● 時差　−1小時
※比台灣慢1小時，
無實施夏令時間制。

● 小費　基本上不需支付
雖為法國殖民地時代以來的習慣，但並非絕對必要。若想表達感謝的心意，支付小額的小費即可。

● 最佳旅遊季節
11～2月的乾季不僅無雨氣溫也相對涼爽，能欣賞到日出日落的機率也比較高。其中又以耶誕節至年初期間的旅客最多。

● 入境條件　需簽證（→P106）
為3個月內有效的單次入境觀光簽證，最多可停留1個月。可以透過網路申請電子簽證「e-visa」，或是飛抵當地機場再辦理落地簽證。

平均氣溫與降水量

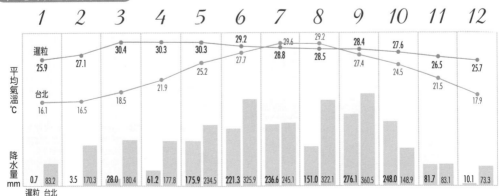

	1	2	3	4	5	6	7	8	9	10	11	12
暹粒（平均氣溫℃）	25.9	27.1	30.4	30.3	30.3	29.2	29.6	29.2	28.4	27.6	26.5	25.7
台北（平均氣溫℃）	16.1	16.5	18.5	21.9	25.2	27.7	28.8	28.5	27.4	24.5	21.5	17.9
暹粒（降水量mm）	0.7	3.5	28.0	61.2	175.9	221.3	236.6	151.0	276.1	248.0	81.7	10.1
台北（降水量mm）	83.2	170.3	180.4	177.8	234.5	325.9	245.1	322.1	360.5	148.9	83.1	73.3

暹粒 台北

COURSE 1 神秘與感動的遺跡觀光之旅！
第1天♪ 吳哥遺跡觀光
標準路線

吳哥王朝興盛於9～15世紀，巔峰時期曾統治了整個中南半島（現在的泰國、寮國、越南部分區域）。當時建造的遺跡多達數百座，其中最知名的當屬「吳哥窟」和「大吳哥城」。第1天即啟程造訪這兩大觀光焦點，一窺高棉文化的精髓吧。

沐浴在朝霞中的美麗吳哥窟

路線比較列表

散步指數	♪♪♪♪	乾季以外的季節需考量到酷熱天氣
美食指數	♪♪♪	午餐可飽嘗柬埔寨佳餚
購物指數	♪♪♪	舊市場周邊即購物天堂！
美容指數	♪♪♪	沒有特別推薦的美容店
休閒娛樂指數	♪♪♪	能實際接觸高棉文化
建議造訪時間	9～19時。吳哥窟的參觀行程最好安排在午後	
所需時間參考	10小時	
預算參考	觀光US$30～+用餐US$5～+嘟嘟車US$15～	

路線圖
巴戎寺•
大吳哥城
⑤ 巴肯寺
④ 吳哥窟
售票處
Traditional Khmer Food →
② 酒吧後街
③ 舊市場
國道6號
暹粒

從暹粒市內出發 車程25分

1 大吳哥城
搭嘟嘟車15分。由於白天高溫炎熱，暫時先返回市區

2 午餐柬埔寨佳餚
步行即到

3 舊市場
搭嘟嘟車25～30分

4 吳哥窟
搭嘟嘟車2分。徒步也能到，但天氣太熱了

5 巴肯寺
搭嘟嘟車返回暹粒市內 車程20分

←綻放在吳哥窟水池中的蓮花

→禁止進入的標示
NO ACCESS

遺跡巡禮的注意點

●門票與參觀時間…前往吳哥遺跡區的途中設有售票處（闓5時～17時30分左右⑥無 MAP別冊P2B3），可選擇符合行程所需的票券，1日券US$37、3日券US$62、7日券US$72（11歲以下、柬埔寨國籍者免費）。一張門票就能暢遊郊區以外的所有遺跡，因此請隨身攜帶，主要遺跡的入口會有工作人員查驗票券。參觀時間基本上為6時～17時30分，但部分區域會開放欣賞日出或日落。

←門票上會貼照片，有提供免費拍攝的服務

↑唯一的售票處（付費處）

●遺跡內的交通…包含從市區到遺跡的路程在內，只能利用包租的摩托計程車、嘟嘟車或汽車。若為初次到訪的遊客，建議選擇有附遺跡詳細說明的中文或英語導遊的包車方案。如果是自由行的旅客，透過旅行社（→P46）安排導遊及包車服務通常會比拜託飯店更有效率。

→導遊會穿著膚色制服，也有中文導遊

●服裝＆隨身物品…全年皆夏，白天甚至會超過40℃。請選擇夏日裝扮與方便行走的球鞋。遺跡內的遮蔽物較少，帽子、毛巾、飲用水都是必備之物，陽傘、視季節而定的雨具也不妨帶著吧。

●廁所…遺跡內設有14處設備新穎的廁所，出示遺跡門票即可免費使用。

●禁止事項…遺跡內有許多因修復工程而禁止進入的區域，攀爬遺跡、觸摸浮雕或雕像、大聲喧嘩等輕率態度也都是NG的行為。造訪遺跡時切勿穿著細肩帶背心、無袖背心及膝上短褲、迷你裙，請特別留意。

1 建於吳哥王朝全盛時代的
大吳哥城
Angkor Thom

 別冊 P2B1

DATA	●Angkor Thom
創建國王	闍耶跋摩七世
建築年代	12世紀末
信仰	大乘佛教
美術樣式	視遺跡而異
參觀所需時間	3小時

由吳哥工朝歷代國王中功績最輝煌的闍耶跋摩七世（→P48）所打造的大規模城塞都市。「Angkor Thom」即大城之意，四周環繞著邊長3km的壕溝及高8m的城牆。以巨大四面佛塔林立的巴戎寺（→P14）為中心，設有東西南北4座城門與直通皇宮的勝利門，參觀一般由南大門進入。南大門有以《乳海翻騰》（→P48）為主題的浮雕，描繪出將那迦（蛇神）當成繩索，眾神及阿修羅分別於兩邊來回拉扯的模樣。腹地內除了巴戎寺外還有多座遺跡，最好預留充裕時間慢慢參觀。

●這裡也有介紹→P52

↑巨象浮雕連綿的鬥象台

↑巴戎寺內可見身穿袈裟的僧侶身影
←面向南大門的左側是眾神、右側是阿修羅，照片中為阿修羅

續
P14

大吳哥城 景點1 巴戎寺

有「高棉的微笑」之稱的四面佛塔

Bayon

巴戎寺位居大吳哥城的中央，聳立著49座巨大觀世音菩薩的四面佛塔，營造出神秘的空間氛圍。面朝四方的溫和微笑臉龐，彷彿環視著世間萬物般。第一迴廊還有描繪當時百姓生活與戰爭模樣的浮雕，相當值得欣賞。闍耶跋摩七世式微後，闍耶跋摩八世著手將巴戎寺修建成為印度教寺院，參觀前不妨先將這段歷史背景置於心中吧。

承P13

DATA	
創建國王	闍耶跋摩七世
建築年代	12世紀末
信仰	大乘佛教
美術樣式	巴戎寺樣式
參觀所需時間	1小時

↑每尊觀世音菩薩像的表情皆有些微差異

➡巴戎寺象徵著宇宙的中心——須彌山

能一窺當時民生百態的第一迴廊浮雕

東 描繪行進中的高棉軍以及與占婆軍隊的戰鬥場面

A 啟程與占婆軍隊奮戰的高棉軍身影，當時大象是活躍在戰場上的座騎

B 前往作戰的隊伍行列中也包含了食糧部隊。喝著酒的兩人身後，有個因屁股被烏龜咬住而回頭看的人

南 與占婆軍隊進行水戰的模樣，百姓日常生活的畫面都刻畫得栩栩如生

C 連婦女生產的場景都有

D 描繪在洞里薩湖撒網捕魚的樣子，足見自古以來即漁獲豐富之地

E 鬥雞是柬埔寨人的娛樂之一，左邊是柬埔寨人、右邊蓄著鬍子的是中國人

F 中國人（左）在店頭做生意的模樣，以及罕見的看手相畫面

G 如今雖已不復見，但當時曾經出現過鬥犬活動

H 搬運食材的備餐畫面，從右到左有烤魚串、水煮豬肉、調味料等

I 與占婆軍隊在洞里薩湖進行水戰的模樣

西 主要繪有被老虎追趕的婆羅門僧侶以及內戰的模樣

J 可知當時國內陷於權力鬥爭的衝突

北 有雜技與摔角的畫面等，可一窺當時的生活模樣

K 將小孩舉在雙手和頭頂上的特技演員

小小知識

何謂占婆？

巴戎寺的浮雕上留有與占婆軍對戰的畫面。占婆即曾於現今越南中南部興盛一時的王國，1177年入侵吳哥王朝並攻破都城。闍耶跋摩七世為了防禦外敵，因此在大吳哥城的周圍築起了堅固城牆。

巴戎寺本殿

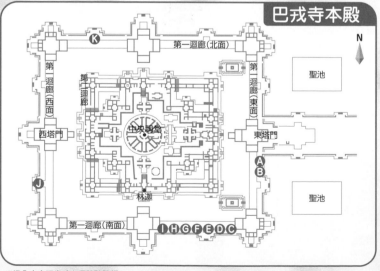

※進入中央祠堂時必須脫鞋脫帽

↑創建當時的中央塔據說高約50m

➡長達200m的空中參道代表連結地上與天界的彩虹橋

大吳哥城 景點 2 巴普昂寺 Baphuon

意指「藏子」之特別寺名的遺蹟

擁有鎮護國家象徵的寺院，由在內戰頻仍的時代登上王座的優陀耶迭多跋摩二世所建。屬於金字塔型的寺院，中央祠堂蓋在三層基壇之上。第二層基壇的塔門壁面上還留有《羅摩衍那》（→P48）的美麗浮雕。

DATA

創建國王	優陀耶迭多跋摩二世
建築年代	1060年左右
信仰	印度教
美術樣式	巴普昂寺樣式
參觀所需時間	30分

大吳哥城 景點 3 皇宮 Royal Palace

當時的模樣已幾乎不復存在

位於巴戎寺的北邊，四周有東西600m、南北300m的兩重城牆環繞，為蘇利耶跋摩一世之後的歷代國王所居住的皇宮。木造宮殿雖已完全消失殆盡，但還殘留下空中宮殿、男池、女池等遺跡。

DATA

創建國王	不明
建築年代	不明
信仰	不明
美術樣式	不明
參觀所需時間	30分

⬇女性沐浴場所的女池內側有金翅鳥、那迦等圖案的浮雕裝飾

大吳哥城 景點 4 癲王台 Terrace of Laper King

三島由紀夫的戲曲《癲王平台》的舞台

位於皇宮前廣場的6m高平台。據說當時上方還有座大寺院，因此增建了壁面成為雙層結構以提升耐重度。平台上立有癲王的雕像（罹患癲病＝痲瘋病的國王）。

DATA

創建國王	闍耶跋摩七世
建築年代	12世紀末
信仰	大乘佛教
美術樣式	巴戎寺樣式
參觀所需時間	15分

↑根據近年來的調查結果，原本被視為癲王的雕像（此處為複製品）其實是閻王（閻魔大王）

◀能在壁面與壁面之間欣賞到美麗的眾神雕刻

大吳哥城 景點 5 鬥象台 Elephant Terrace

作為閱兵用途的350m平台

闍耶跋摩七世在修建皇宮之際所興建的平台。高3.5～4m的牆面上佈滿著大象、金翅鳥等雕刻圖案，令人嘆為觀止。據傳以前平台上有座木造建築，也曾作為閱兵台使用。

DATA

創建國王	闍耶跋摩七世
建築年代	12世紀末
信仰	大乘佛教
美術樣式	巴戎寺樣式
參觀所需時間	15分

↑還能窺見象背上的馴象師身影，當時大象在戰場上和狩獵活動中都相當活躍

大吳哥城 景點 6 空中宮殿 Phimeanakas

皇宮腹地中央的金字塔型寺院

➡以紅土磚砌成的三層基壇上有座2m高的中央祠堂

DATA

創建國王	蘇利耶跋摩一世
建築年代	11世紀初
信仰	印度教
美術樣式	喀隆寺樣式
參觀所需時間	20分

別名為「天上宮殿（Vimean Akas）」，為王族舉行儀式的場所，因此禁止一般人進入。還留有「國王每晚必須與化身為女子的九頭蛇神交媾，若有懈怠就會招來災禍」的傳說。

➡推論宮殿是在1431年暹羅軍（現在的泰國）的攻擊中被燒毀

地圖

北大門
癲王台 ④
勝利門
皇宮 ③
●聖佛寺
●北喀霖寺
⑥
空中宮殿
●南喀霖寺
十二生肖塔
西大門
①
巴普昂寺 ②
巴戎寺
死者之門
鬥象台 ⑤
大吳哥城
南大門

建議參觀遺跡前到此一遊！

在遺跡觀光行程中如果能稍微具備一些知識，樂趣也會多上好幾倍。若想一窺當時的歷史與文化，最佳首選就是以淺顯易懂的展示自豪的吳哥國家博物館（→P55）。當然也可觀光後再登門造訪，就當作是複習再次重溫吧。

續P16

2 在酒吧後街 享用午餐柬埔寨佳餚♪

⬇由前至後分別為阿莫克、高棉咖哩、炸春捲

Traditional Khmer Food　MAP 別冊 P5A3

以橘色為整體色調的室內裝潢令人印象深刻的餐廳，提供各式各樣柬埔寨的家常菜。極具人氣的招牌菜阿莫克、高棉咖哩各為US$5.25，炸春捲US$4.75。菜單上會附照片方便點餐，也可以使用信用卡付費。

⬇寺院風格的店內以袈裟的橘色系為統一色調

承
P15

DATA
🚶舊市場步行1分
🏠Old Market Area
📞015-999909
🕐9～23時
🚫無

➡炎熱的天氣不妨來瓶吳哥啤酒US$3吧！生啤酒為US$0.50

小小知識　何謂酒吧街？　MAP 別冊 P5A2～3

舊市場的北側一帶通稱為酒吧街（Pub Street→P32），周邊的餐廳、酒吧、店家一家接著一家開張，每到夜晚更是吸引絡繹不絕的觀光客到訪。傍晚以後會改為行人徒步區，也有警察站崗巡邏，因此可以放心玩樂。酒吧後街則是位於酒吧街南側、僅一街之隔的巷道。

好逛　⬅街上盡是觀光客導向的店家，相當

3 舊市場閒逛趣！

舊市場　MAP 別冊 P5A3
Old Market (Phsa Chas)

用完餐後可前往酒吧街的南側，廣受觀光客喜愛的舊市場（Phsa Chas），這裡一早會有許多當地居民來採買生鮮食品。面暹粒河的坡卡波大街上販售伴手禮的店家比鄰而立，不妨邊走邊逛吧。

●DATA➡P63

➡棉質水布（小）一條可殺價至US$1～2

⬆生鮮食品羅列的畫面光看就很有樂趣
⬅商品並無標價，因此得討價還價一番！

4 本日行程的重頭戲！
吳哥窟
Angkor Wat

MAP 別冊 P2B2

被譽為高棉建築最高傑作的大伽藍，為南北1300m、東西1500m的東南亞最大規模石造建築，四周有幅寬200m的壕溝環繞，壯闊的氣勢與伽藍的對稱幾何美感皆令人讚嘆不已。伽藍呈現出王朝誕生以來歷經300年歲月成熟發展的印度教宇宙觀，亦被視為外宇宙的聖地而備受崇敬。王朝滅亡後開始安置供奉佛像，800年後的現在仍以上座部佛教的寺院延續至今。不妨細細觀賞空氣裡流動著神祕氛圍的迴廊浮雕，邊讓思緒馳騁在歷史時空中。

● 這裡也有介紹➡P52

DATA ……………●Angkor Wat

創建國王	……蘇利耶跋摩二世
建築年代	……12世紀前半期
信仰	……印度教
美術樣式	……吳哥窟樣式
參觀所需時間	……3小時

↑第一迴廊上以神話為主題的浮雕綿延，宛如置身於劇場般

←如今依舊是當地居民聚集的信仰之地

拍照point 📷

穿越西塔門後的左前方聖池是最佳的取景位置，還能拍攝到伽藍倒映在池面上的照片。右側的聖池於乾季期間會完全乾涸。

續 P18

➡即便有人物入框也能拍到遺跡的全景

玩樂方式多元的 吳哥窟

從上空眺望美景

MAP 別冊 P2A2

搭乘廣受歡迎的吳哥窟熱氣球Angkor Balloon，可從離地200m的高度飽覽吳哥窟的風光，同時將暹粒郊區的閒適景致盡收眼底。若人數不足或風稍微強一點就會停止營運，行前最好再確認一下。

🚗市中心車程20分 🏠1km from Angkor Wat 📞097-8965834 🕐5～18時 (有季節性變動) 🈺會視天候暫停營運 💰US$20

吳哥窟 景點 1

由長560m的參道相迎
從西參道入場

吳哥窟其中一個不可思議的地方即為參道的方向。高棉建築的正面基本上都是朝東，但吳哥窟和寶劍塔（→P24）卻是朝西，因此一般推論吳哥窟可能是一座墳墓。

當近在眼前時恢弘的規模更是讓人震懾

小小知識

高塔的階梯為何如此陡峭？

不只吳哥窟的中央祠堂，遺跡內的高塔大多都是坡度陡急的階梯。據說是為了對安奉的神明表達敬意，才打造成上下階梯時自然而然會低下頭的構造。行進間請小心地踏穩每一步，以免失足踩空。

↑吳哥窟的藏經樓階梯也非常陡峭

→下階梯時尤其危險，請多加小心！

↓蘇利耶跋摩二世篤信毗濕奴神，原本將毗濕奴神安置在中央祠堂內，現在已移至西塔門的南側

↓西參道的欄杆上有蛇神那迦坐鎮

承 P17

小小知識

尋找蒂娃妲女神與阿帕莎拉仙女的身影

在吳哥的眾多遺跡內，都能見到蒂娃妲女神與手舞足蹈的阿帕莎拉仙女浮雕。吳哥窟內也有刻畫著各式各樣表情和服裝、髮型的蒂娃妲女神圖案，不妨找找看吧。

←吳哥窟第二迴廊上的蒂娃妲女神

←也有帶著柔和表情的蒂娃妲女神（吳哥窟第一迴廊）

↑阿帕莎拉舞蹈（→P31）就是源自於阿帕莎拉的浮雕

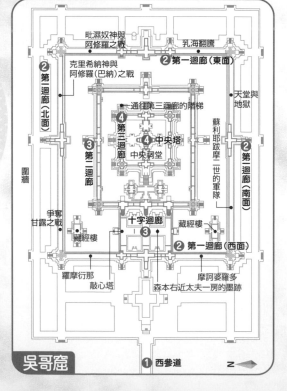

吳哥窟

① 西參道　N→

（地圖標示文字）
毗濕奴神與阿修羅之戰
乳海翻騰
② 第一迴廊（東面）
② 第一迴廊（北面）
克里希納神與阿修羅（巴納）之戰
天堂與地獄
通往第三迴廊的階梯
④ 第三迴廊
④ 中央塔
中央祠堂
蘇利耶跋摩二世的軍隊
③ 第二迴廊
② 第二迴廊（南面）
圍牆
爭奪甘露之戰
十字迴廊
③
藏經樓
藏經樓
② 第一迴廊（西面）
羅摩衍那
敲心塔
摩訶婆羅多
森本右近太夫一房的墨跡

吳哥窟
景點 2

古印度史詩巨作的世界
第一迴廊的浮雕群

南北180m、東西200m的第一迴廊內，除了古印度史詩《摩訶婆羅多》和《羅摩衍那》外，還刻劃了印度教的天地創造神話《乳海翻騰》、非神話的《天堂與地獄》等眾多故事。關於神話的介紹請參照P48。

西面　刻印在整個壁面上的印度兩大史詩情節。

↑朝著般度族軍隊攻擊的俱盧族軍隊

西元前10世紀左右誕生於印度
『摩訶婆羅多』 西面南側

為印度最著名的古典史詩，描繪般度族軍隊與俱盧族軍隊歷時18天的戰鬥場面。面向壁面由左側進攻的是俱盧族軍隊，從右側迎擊的是般度族軍隊。

闡明勸善懲惡思想的印度教聖典
『羅摩衍那』 西面北側

描繪英雄羅摩王子與猿軍大將哈努曼並肩作戰，成功從魔王羅婆那手中解救出悉多王妃的故事最高潮場面。在與北面的轉角處，還能欣賞到戰勝後設宴慶祝的畫面。

↑站在猿軍大將哈努曼肩上拉弓射箭的羅摩王子

➡在與北面的轉角處能見到騎著金翅鳥的毗濕奴神

↑魔王羅婆那擁有10頭身和20隻手臂

東面　一路綿延長達50m的天地創造神話《乳海翻騰》。

西元前10世紀左右誕生於印度
『乳海翻騰』 東面南側

以毗濕奴神的化身——巨龜俱利摩身上的曼荼羅大山為支點，將那迦的身體當成繩索，由眾神與阿修羅兩方相互拉扯邊攪拌海水，為神話故事的最終一幕。

➡毗濕奴神的左邊是阿修羅、右邊為眾神，正上方漂浮於宇宙海的是拉克希米女神，周圍還有阿帕莎拉仙女的身影

於16世紀中期雕刻的淺浮雕
『毗濕奴神與阿修羅之戰』 東面北側

推論是後代才雕刻上去的作品。採用淺層雕刻的技法，觸感也與過去的浮雕截然不同，一眼就能分辨出來。內容也毫無故事性。

➡描繪搶到長生不老藥甘露的眾神模樣

南面　可以得知創建國王與當時平民百姓的生死觀。

打造出吳哥窟的偉大國王
『蘇利耶跋摩二世的軍隊』 南面西側

描繪蘇利耶跋摩二世威風凜凜模樣的行軍場面浮雕。在擁擠的人群中，有兩個地方能見到蘇利耶跋摩二世的身影。

←坐在王座上對著老百姓下達命令的蘇利耶跋摩二世

地獄場景十分特別的浮雕群
『天堂與地獄』 南面東側

上層是天堂、下層為地獄，中層則描繪人們正接受冥界閻王（閻魔大王）審判的模樣。

↑閻王審判眾生的畫面，一旁還有想求減刑的人

←此區塊的上中兩層為通往天堂、下層則是落入地獄的場景

北面　與東面北側同樣出自後世之手的眾神爭戰畫面。

能一窺受到大城王朝（現在的泰國）美術影響的雕刻
『克里希納神與阿修羅之戰』 北面東側

刻畫克里希納神（毗濕奴神的第8個化身）與阿修羅（巴納）間的爭戰場景，與東面北側同為淺浮雕。

➡騎著金翅鳥、擁有8隻手臂的毗濕奴神

描繪乳海翻騰的後續故事情節
『爭奪甘露之戰』 北面西側

描繪眾神與阿修羅在翻騰的乳海中搶奪甘露的模樣，激烈的大亂鬥中共有21位天神登場。

➡可以見到梵天神乘騎天鵝的模樣

續
P20

吳哥窟
景點
3

繼續造訪下一個迴廊
從十字迴廊往第二迴廊前進

必須先穿越十字迴廊才能通往第二迴
廊。能見到4座浴池遺跡、後來才安置
供奉的佛像以及虔誠膜拜的當地居民。
東西115m、南北100m的第二迴廊，雖
然沒有壁畫但有許多蒂娃姐女神的雕刻
圖案。

⬇可從當地人的身影感受到信仰
的力量

⬆十字迴廊的浴池於乾季期間
會完全乾涸
⬅十字迴廊的梁柱和天花板還
殘留著創建當時的朱紅色

小小知識

尋找日本人的墨跡

十字迴廊的梁柱上能見到以日文書寫
的墨跡，據說是出自1623年為了自己
父親而前往奉獻供養的森本右近太夫
一房之手。當時的
日本將這裡誤認為
是印度的祇園精
舍。

➡寫有「奉納四尊
佛像」的文字

敲心塔

於十字迴廊北側的凸出空間，若背對
壁面輕拍胸口就會傳出不可思議的回
音。至於是為了什麼目的而造，目前
仍然未知。

➡砰～砰～的回音
相當有趣

⬇千佛閣裡也非創建當時之物，
是後代才安置供奉的佛像

承
P19

吳哥窟
景點
4

象徵宇宙中心的須彌山
第三迴廊&中央塔

中央塔離地高65m，是吳哥
時代的遺跡中最高的建築

⬅根據柬埔寨佛
教的規定，每月
的4個佛誕日禁止
入內。此外，一
次的參觀人數上
限為100人

中央祠堂即象徵著印度教的宇宙
觀中被視為眾神居所的須彌山。
爬上高13m的陡峭階梯後，就能
進入邊長60m的第三迴廊。第三
迴廊的開放時間為7時30分～17
時，參觀限時30分鐘，佛誕日則
不開放。身穿迷你裙、無袖背心
之類過於暴露的服裝以及未滿12
歲、孕婦皆禁止入內。

從吳哥三聖山眺望夕陽
巴肯寺

5 *Phnom Bakheng*

DATA ●──── *Phnom Bakheng*

創建國王	耶輸跋摩一世
建築年代	9世紀末
信仰	印度教
美術樣式	巴肯寺樣式
參觀所需時間	1小時

MAP 別冊 P2B2

市中心車程 20分 開入場 6時～18時 休無 費吳哥 遺跡的門票

為鎮護國家而建的山丘式寺院，當時的巴肯寺是邊長4km的都城中心。廣大的腹地與吳哥窟、大吳哥城多所重疊，但現在都已埋沒於地底。由於地處高75m的山丘上，也以欣賞美麗夕陽的景點廣受觀光客的歡迎，每逢傍晚上山人潮眾多。遺跡入場的限額為300人，請留意最遲須於17時30分前抵達。

與遺跡相互映襯的美麗夕陽

↑➡從山頂往東南方向望去即隱身在叢林中的吳哥窟，西邊則可見到西大人工湖等景點

↑能眺望1km遠、沐浴在夕陽餘暉中的吳哥窟

吳哥窟如夢似幻的
朝霞景致也十分推薦

吳哥窟的一天之中，早、中、晚各有不同的韻味。尤其等待黎明的清晨時分更是瀰漫著一股神秘氛圍，絕對值得特地起個大早前來欣賞。有時在天色朦朧之際，還能伴隨著腹地內寺院傳來的誦經聲，感受片刻的靜謐時光。最佳旅遊季節為少雨的11～5月，但也可能會碰上陰天。一年只有春分及秋分這兩天，可以一睹太陽從中央塔的正上方緩緩升起的不可思議現象。

↑從仿蓮花花苞造型的佛塔間露出臉來的太陽 ➡若要拍照最好攜帶三腳架

COURSE♪2

第2天 吳哥遺跡觀光

包車附導遊
前往吳哥窟
周邊遺跡

遺跡觀光第2天的目的地是周邊的遺跡。一般分為大圈行程和小圈行程，雖然一天之內跑兩個行程也行，但要全部參觀完時間會過於緊迫。不妨先前往必訪的遺跡，若時間有餘裕再將沿線上的遺跡排入行程中。

1.塔普倫寺的熱門拍照點
2.塔普倫寺中央祠堂內佈滿無數個孔洞的壁面，當時可能曾鑲嵌著無數的寶石
3.位於寶劍塔內的林迦，其西側還有一個3孔的林迦座

路線比較列表

散步指數	♪ ♪ ♪	必備防曬帽和飲用水
美食指數	♪ ♪ ♪	於遺跡周邊的餐飲店迅速解決
購物指數	♪ ♪ ♪	遺跡周邊有許多伴手禮店
美容指數	♪ ♪ ♪	體驗高棉按摩紓緩疲憊雙足
休閒娛樂指數	♪ ♪ ♪	能更深入高棉文化的世界
建議造訪時間	9～16時	
所要時間目安	5小時	
預算參考	觀光US$30～+用餐US$5～ +包車附導遊US$70～	

✕從暹粒市內出發
車程20分

1 班蒂喀黛寺
　　車程5分
2 塔普倫寺
　　車程5分
3 塔高寺
　　車程5分
4 寶劍塔
　　車程10分
5 涅槃宮
　　車程10分
6 皇家浴池
✕返回暹粒市內
車程35分

1 因發現大量佛像 而蔚為話題

MAP 別冊 P3C2

班蒂喀黛寺
Banteay Kdei

原本是印度教的寺院，由闍耶跋摩七世改建成為佛教寺院。這座之後又歷經多次增建與改建的遺跡，目前是上智大學吳哥遺跡國際調查團的調查和研究對象。

DATA→P53

DATA ⋯⋯⋯⋯⋯ Banteay Kdei

創建國王	⋯⋯闍耶跋摩七世
建築年代	⋯⋯12世紀末
信仰	⋯⋯大乘佛教
美術樣式	⋯⋯巴戎寺樣式
參觀所需時間	⋯⋯30分

↓塔門上能見到巴戎寺樣式的觀世音菩薩四面佛像

建築風格融合了印度教、大乘佛教以及後世的上座部佛教。2001年發現274尊被棄置的佛像，目前已移至西哈努克吳哥博物館（→P55）展示。

⇨第二週廊西面南側的榕樹。目前塔普倫寺還保持原狀，並未修復成以前的狀態

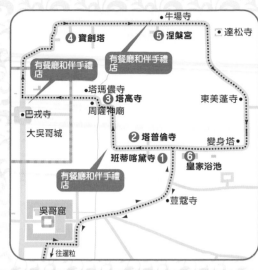

・牛場寺
④ 寶劍塔　⑤ 涅槃宮　□ 達松寺
有餐廳和伴手禮店
有餐廳和伴手禮店
・塔瑪儂寺　・東美蓬寺
③ 塔高寺
・巴戎寺　周薩神廟
大吳哥城　② 塔普倫寺　・變身塔
班蒂喀黛寺 ①　⑥ 皇家浴池
有餐廳和伴手禮店
・荳蔻寺
吳哥窟
↓往暹粒

2 供奉著260尊神像的大寺院
塔普倫寺 [MAP 別冊 P2B1]
Ta Prohm

闍耶跋摩七世為了母親而建的寺院，之後被改建成印度教的寺院。東西1km、南北600m的廣大腹地內，據說當時曾居住了12640人。盤根錯節的巨木緊緊纏繞著遺跡，如今仍然保留發現當時的模樣。 DATA→P52

⇨第二週廊有尊被包覆在樹根內的蒂娃妲女神

DATA━━━━━━━━━━ ●Ta Prohm
創建國王	……闍耶跋摩七世
建築年代	……1186年
信仰	……大乘佛教
美術樣式	……巴戎寺樣式
參觀所需時間	……1小時

⬆遺跡的角落還能見到在現場作畫販售的人

敲心塔
與吳哥窟（→P17）一樣，設有敲打胸膛就會發出回音的祠堂。位於中央祠堂的東側，請務必試試看。

⬆樹木在遺跡間生根茁壯，如今正瀕臨倒塌的危機。中央祠堂的四周牆面上還留有美麗的蒂娃妲女神浮雕

出自後人之手的林迦雕刻
為佛教寺院改建成印度教樣式的一例。可以明顯看到原本中央的佛像被鑿空，然後硬刻上了林迦的圖案。

續P24

塔普倫寺
第一迴廊
塔
第二迴廊　敲心塔
中央祠堂
西塔門（入口）
後世雕刻的林迦
塔
東門（入口）
聖池
N
平台　東塔門
藏經樓
聖池

午餐時間就來這兒

遺跡區內有伴手禮店和餐廳散落其間，完全不須擔心用餐的問題。推薦巴戎寺附近（MAP 別冊P2B1）、塔普倫寺前（MAP 別冊P2B1）、涅槃宮前（MAP 別冊P3C1）等處，餐後還可順道選購伴手禮。

⬇塔普倫寺前的伴手禮店和餐廳外觀

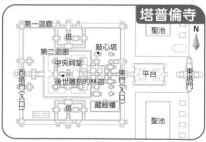

⇨餐廳招牌菜是用泡麵做成的炒麵。店內的餐點大多都是熟食，因此不用過於介意環境衛生的狀況

當下石塊堆砌的
未完成狀態

承P23

3 因國王逝世而保持未完成狀態的傑作

塔高寺 MAP別冊P2B1

Ta Keo

根據碑文所記975年由闍耶跋摩五世下令動工，但因國王逝世及內戰的緣故導致停工直至1000年左右，之後由闍耶毗羅跋摩國王接手建造工程。當時若能順利竣工，肯定是一座傑出的金字塔型寺院。

DATA→P54

5層基壇與最上層立有5塔的建築配置，也成為之後吳哥窟及其他遺跡的原型

DATA・・・・・・・・・・・・・・・・・Ta Keo

創建國王	闍耶跋摩五世
建築年代	1000年左右
信仰	印度教
美術樣式	喀霖寺樣式
參觀所需時間	30分

在中央祠堂東北側的兩層樓建築中使用了當代相當少見的圓柱

4 罕見的圓形列柱殿十分吸睛

寶劍塔 MAP別冊P2B1

Preah Khan

闍耶跋摩七世為了紀念與占婆軍隊作戰的勝利，以及祈禱父親陀羅尼因陀羅跋摩二世的冥福而建的寺院。東西800m、南北700m的腹地內還設有佛教大學，據說當時曾有1000多位僧侶在此處修行。

DATA→P53

↓1191年在中央本殿安置了觀音菩薩像

DATA・・・・・・・・・・・・・・・・・Preah Khan

創建國王	闍耶跋摩七世
建築年代	1191年
信仰	大乘佛教
美術樣式	巴戎寺樣式
參觀所需時間	1小時

這裡供奉著佛教、印度教、土地的守護精靈等數百位神明，總共安置了282尊的神佛雕像

↑與塔普倫寺一樣皆因榕樹纏繞而不斷崩壞中

時間充裕的話

租輛自行車輕鬆Go!

若非炎熱的季節，不妨來趟可以按自己步調巡訪遺跡的單車之旅吧！在酒吧街等鬧區及民宿聚集的區域都租得到。關於自行車租借的注意事項請參照P45。

推薦店家在這裡！ (克拉瑪大和賓館)

Krorma Yamato Guest House MAP別冊P6A1

位於背包客旅館集中的地區，老闆為日本人。不僅能幫忙代訂當地的旅行團，也提供自行車租借的服務。

交舊市場車程10分 住No. 311, National Rd.6 ☎012-893001 時7～21時 休無 金租自行車1日US$2 E

→可以隨心所欲遊逛遺跡、農村等也正是單車旅行的魅力所在

5 作為治病用途的人工水池

涅槃宮

Neak Pean MAP 別冊 P3C1

← 觀世音菩薩的化身——神馬

據說是仿喜馬拉雅山上的聖湖「阿那婆達多」而造的治療池。邊長70m的水池中央佇立著祠堂，並設有排水口讓水源從中央池流向東西南北方向的4座小池。每當雨季水池注滿了水，就會呈現出一股虛幻的氛圍。

DATA→P52

DATA ●Neak Pean

創建國王	闍耶跋摩七世
建築年代	12世紀後半期
信仰	大乘佛教
美術樣式	巴戎寺樣式
參觀所需時間	30分

每個人依出生日又分成四大元素，汲取自己屬性元素（人＝地、獅＝火、馬＝風、象＝水）的水飲用就能治癒疾病

↑邊長70m的人工水池，一到雨季時就會蓄滿水

6 由闍耶跋摩七世改造而成的浴池

皇家浴池 MAP 別冊 P3C2

Sra Srang

「Sra Srang」意為浴池，基礎結構完成於10世紀，後來由闍耶跋摩七世全面改建成為現在的模樣。據說當時是國王與王妃的專用浴池。

DATAは→P53

DATA ●Sra Srang

創建國王	闍耶跋摩七世
建築年代	12世紀末
信仰	大乘佛教
美術樣式	巴戎寺樣式
參觀所需時間	15分

置有獅子與那迦雕像守護聖池。原本水池中央有座祠堂，但已於波布政權期間崩塌毀損

↓東西700m、南北350m的巨大人工池，這裡的日出景色也很美

+α 行程編排

可順道一遊的遺跡景點

除了以上介紹的景點外，大圈行程和小圈行程中還有許多值得一遊的地方，不妨自行規劃一下吧。

- 牛場寺→P53
- 達松寺→P53
- 周薩神廟→P53
- 塔瑪儂寺→P54
- 東美蓬寺→P53
- 荳蔻寺→P54
- 變身塔→P53

返回市區內後

體驗按摩享受片刻的放鬆

暹粒市內的西瓦塔大道和酒吧街周邊，有多家可以輕鬆入內的按摩店。酒吧街周邊的Island Traditional Khmer Massage服務品質穩定廣受好評，除了腳底按摩外還能選擇全身按摩。旺季期間的夜晚時段最好事先預約。

Island Traditional Khmer Massage

MAP 別冊 P5A3

🚶 舊市場步行1分
🏠 Old Market Area
☎ 070-777388
🕘 9時～23時30分　🚫無
💰 腳底按摩1小時US$6、全身按摩1小時US$8

↑位居交通方便的地點，不妨在用餐或購物之餘前來體驗

↑2樓設有全身按摩的房間

COURSE 3 探索埋沒在叢林中的遺跡！

吳哥遺跡觀光

第3天 包車附導遊 前往郊區遺跡

↑仍然維持崩塌原狀的崩密列寺（→P27）

除了9世紀初開創吳哥王朝的闍耶跋摩二世舉行即位式的荔枝山外，距離吳哥窟車程1～2小時的場所也有多座重要的遺跡。近年來雖然治安穩定、不需擔心遇到強盜，但部分路況仍然不佳，因此不建議搭乘嘟嘟車和摩托計程車，最好選擇能提供詳盡導覽解說的包車旅遊方式。

↑在荔枝山（→P28）遇見的當地小朋友

從暹粒市出發車程1小時30分

1 崩密列寺

至荔枝山車程1小時，
至高布斯濱車程1小時30分

2 荔枝山 or高布斯濱

從荔枝山出發車程1小時，
從高布斯濱出發車程30分

3 女皇宮

返回暹粒市內車程40分

路線比較列表

散步指數	♪♪♪	最好選擇適合行走山路的鞋
美食指數	♪♪♪	請利用遺跡附近的餐廳
購物指數	♪♪♪	僅荔枝山有伴手禮店
美容指數	♪♪♪	沒有特別推薦的美容店
休閒娛樂指數	♪♪♪	能深度瞭解高棉文化
建議造訪時間	6～14時	
所需時間參考	8小時	
預算參考	觀光US$55～+用餐US$5～+包車US$110	

小小知識 ●不可遺忘的柬埔寨近現代史

柬埔寨給人的印象，除了「吳哥窟」外還有「地雷」、「波布」等內戰的歷史。第二次世界大戰後國家的產業文化曾一度蓬勃發展，但1975～79年由波布領導的共產主義勢力（紅色高棉）掌握政權後局勢丕變。為了鎮壓反對勢力及彌平貧富差距的社會，遂將城市（金邊）居民的所有財產充公並流放至農村，讓全民都改從事農業生產勞動。當時政治相關人士、教師、資本家等知識階級皆成為被掠殺的對象，包含因飢餓死亡的人數在內，光4年間就有100～300萬人喪命。1979年鄰國的越南軍

隊入侵金邊，雖然造成紅色高棉的垮台，但波布卻逃至柬泰邊境組成了游擊隊。後來越南軍隊長期駐留在金邊，混亂的狀況則一直持續至1991年。由曾親身以紅色高棉軍隊中的一員參與作戰，之後又被越南軍隊收編的Aki Ra所成立的地雷博物館（→P56）就位於女皇宮的附近，不妨在回程時順道一遊。

↓地雷區會插上骷髏頭的標誌牌

1 與吳哥窟相似的寺院
崩密列寺

Beng Mealea　MAP 別冊 P3D2

位於吳哥窟東邊約40km處，藏身於荔枝山山麓叢林中的巨大寺院。東西900m、南北800m的腹地周圍環繞著幅寬45m的壕溝，東邊還置有東西1500m、南北600m的貯水池（Baray）。當時周邊十分繁榮，曾經是一座與「Beng Mealea（花束之池）」之名相符的美麗寺院。伽藍擁有三層迴廊，堂塔的配置等細部也與吳哥窟類似，推論可能是作為興建吳哥窟前的試金石。遺跡雖已被榕樹盤據包覆並持續崩塌中，但設有完善的遊步道能輕鬆漫步參觀。

DATA　●*Beng Mealea*

創建國王	蘇利耶跋摩二世等多位
建築年代	11世紀末～12世紀初
信仰	印度教
美術樣式	吳哥窟樣式
參觀所需時間	1小時

暹粒車程1小時30分
入場6～17時　休無
US$5（不需吳哥遺跡的門票）

↓迴廊的壁面已經崩落，榕樹則攀附在石牆上生根茁壯

➡能欣賞到為數不多的浮雕作品，照片中為《羅摩衍那》的場景

↑彷彿穿梭在崩塌遺跡空隙間的遊步道

↑從外側眺望第三迴廊。這座遺跡據說是吉卜力工作室的作品《天空之城》的創作藍本

瞬間化身為探險家！

↓未崩壞的迴廊可以入內參觀。由於沒有浮雕與大片開窗，因此封閉感很強烈

Roessei Thum　Sre Noy
高布斯濱 2
女皇宮 3
地雷博物館
Svay Loe
2 荔枝山
崩密列寺 1
吳哥窟
羅洛士遺跡群
暹粒
國道6號
Soutr Nikom
洞里薩湖

續 P28

2 吳哥王朝的起源地

荔枝山

Phnom Kulen

脫離爪哇王國獨立後，802年閣耶跋摩二世在此地即位為王。即位的場所雖已無從考證，但因這裡被視為吳哥王朝的起點而成為人民敬仰的聖山。叢林中有美麗的河川流經，河底可見毗濕奴神、梵天神、林迦等浮雕圖案。寺院內安置著以當地砂岩雕刻的涅槃佛像，也很值得參觀。觀光路線以外的山區可能還埋有地雷，請勿踏入。

承 P27

MAP 別冊 P3D2

有兩座輕鬆就能到達的瀑布，雨季期間水量豐沛更增添美感（照片中為4月的景色）

DATA	Phnom Kulen
創建國王	閣耶跋摩二世
建築年代	802～820年左右
信仰	印度教
美術樣式	荔枝山樣式
參觀所需時間	2小時

暹粒車程1小時30分　入場6～12時　無
US$20（不需吳哥遺跡的門票）

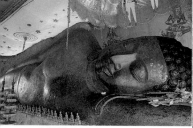

↑寺院內全長9.4m的巨大涅槃佛像建於16世紀

→河底刻有無數個林迦，有千尊林迦（Linga 1,000）之稱

←有提供在瀑布前穿著民族服飾拍攝紀念照的服務（收費），很受當地人的歡迎
↓腹地內設有攤販和餐廳，午餐可以在這裡吃

↓描繪梵天神冥想的模樣

不去荔枝山的話…
也很推薦給健走者的其他熱門景點

原意為「河川源流」的遺跡

高布斯濱

Kbal Spean

MAP 別冊 P3D2

能欣賞到從橫躺的毗濕奴神肚臍長出的蓮花，花上還有正在冥想中的梵天神等諸多浮雕圖案

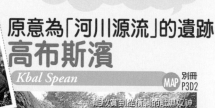

DATA	Kbal Spean
創建國王	優陀耶迭多跋摩二世
建築年代	11世紀中左右
信仰	印度教
美術樣式	不明
參觀所需時間	2小時

暹粒車程1小時30分　入場6～15時　無
吳哥遺跡的門票

↑擁有無數隻蝴蝶群聚的不可思議場所，不妨自帶外食來這邊享受午餐時光吧

位於空氣中瀰漫著神聖氛圍的叢林內，為暹粒河的源頭。前往水底遺跡必須從停車場走約40分鐘的山路，因此不太適合對體力沒有自信的人。河床上鑿刻著許許多多的浮雕，但有些光靠自己可能會找不到，最好請導遊詳細介紹吧。這裡與荔枝山一樣存在著地雷的危險，因此切勿隨意走入山區。停車場旁有多家餐廳可以利用。

→健行途中的四周景色也十分優美

DATA ━━━━━━━━ ● *Banteay Srei*

創建國王	……闍耶跋摩五世
建築年代	……967年
信仰	……印度教
美術樣式	……女皇宮樣式
參觀所需時間	……40分

🚗交暹粒車程1小時　🕐入場6～17時　休無
💰吳哥遺跡的門票

◀中央祠堂的精巧構造令人讚嘆
▲從第一城牆的塔門望出去的磚紅壤參道
➡中央祠堂的壁上刻著美麗的蒂娃妲女神，位於南祠堂的東南角、兩尊女神中面朝南側的雕像則有《東方蒙娜麗莎》之稱

3
被譽為高棉美術的至寶
女皇宮

Banteay Srei　MAP 別冊 P3D2

《東方蒙娜麗莎》雕像的所在之地，還曾經發生過作家André Malraux（後來曾任法國文化部長）因醉心於雕像之美而企圖盜挖最後被逮捕的事件。雕工深邃精緻的紅砂岩雕刻、建築和伽藍的配置也都極具美感，堪稱是高棉美術的巔峰。遺跡的規模不大，是一座東西200m、南北100m的小巧寺院。中央祠堂現在禁止入內，只能遠觀的蒂娃妲女神在所有遺物中依舊格外出色美麗，吸引著所有來訪者的目光。●這裡也有介紹➡P54

※為了保護《東方蒙娜麗莎》目前只開放從遠處參觀

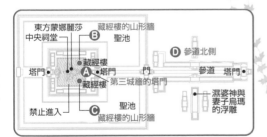

東方蒙娜麗莎　藏經樓的山形牆
中央祠堂　B　聖池
D 參道北側
A
塔門　藏經樓　門　門　參道　塔門
藏經樓　第三城牆的塔門
禁止進入　C
藏經樓的山形牆　聖池
濕婆神與妻子烏瑪的浮雕

高棉美術的最高傑作

描繪舞蹈創始者濕婆神的舞姿，傳說中濕婆神會跳100多種舞蹈
第三城牆的塔門 A

毗濕奴神的化身克里希納神與惡魔大戰的場景，躍動威十足
藏經樓的山形牆 B

上方是妻子帕爾瓦蒂陪伴在側，正在凱拉薩神山進行冥想的濕婆神，下方是前來阻撓，擁有10頭身和20隻手臂的魔王羅婆那
藏經樓的山形牆 C

以《羅摩衍那》中的情節為主題，描繪魔王羅婆那搶奪悉多王妃的畫面
參道北側 D

小小知識 ●學習高棉式的參拜方式！

1
脫鞋後，男性採踮起腳尖的跪坐姿勢，女性採不踮腳尖的跪坐或側身坐。

2
雙掌合十放在胸前，磕頭時雙手觸地。此動作須連續三次。

3
將香（通常附近就買得到）點燃。

4
雙手持香，重新以跪坐的姿勢拜拜。

5
將香插入香爐，再度跪坐並重複三次2的動作。

COURSE 4

暢玩Part1・2・3
暹粒・市區巡遊

透過娛樂、美食、購物三大行程
徹底玩遍暹粒。阿帕莎拉舞蹈、高棉菜、
柬埔寨人手工製作的服飾和雜貨等，
充滿魅力的市區景點一次介紹給大家！

Part 1 娛樂行程

欣賞向神明祈禱時作為獻禮的阿帕莎拉舞蹈，
柬埔寨特有的優雅舞姿讓人看得目不轉睛；
造訪熱鬧的市場嘗試與店家殺價，
或是前往酒吧街感受夜生活。

到舊市場
體驗在地生活

位於離暹粒河近在咫尺的場所，為市內
規模最大的市場。當地人稱為「Phsa
Chas」，從生鮮食品到調味料、伴手
禮、衣服、雜貨等各式商品應有盡有。
市場內陳列的商品皆無標價，基本上都
得經過一番討價還價。與店家之間的殺
價過程，也是體驗在地生活的樂趣之
一。 DATA→P63

1.新鮮蔬菜羅列的暹粒庶民廚房
2.柬埔寨餐桌上不可或缺的魚乾
3.鞋子、背包等生活雜貨也很豐富
4.銀製品與設計樣式無關一律以
US$1/g計價
5.洞里薩湖捕撈的新鮮魚貝類一字
排開

推薦店家→P36

How to Shopping

① 用高棉語交談

無論哪裡都一樣，若能以
在地語言交談對方都會很
高興。說上幾句高棉語，
砍價成功的機率可能也比
較大！？

② 從半價開始喊

詢問對方的開價後，先從
半價左右的數字開始交涉比較容易成功。

③ 多買幾個

當議價過程不順利時，不妨試試「買兩個的話可以便宜一
點嗎」的交涉方法，說不定能稍微降價。或是說出「我考
慮看看」並作勢要走出店外，也是一種交涉的技巧。

高棉語講座

●suostei
（你好）
●thalay poumaan
（多少錢？）
●soam choh domlay
poan
（可以算便宜一點嗎？）
●tin moi nih
（我要買這個）
●or kun（謝謝）

品嘗當地食物♪
對腸胃有自信的話務必試試！

市場的北側設有餐廳，不妨來嘗嘗麵或飯之
類的柬埔寨當地食物吧。對自己腸胃沒信心
的人，也可從旁邊經過感受一下。

午間時段會有許
多當地人來光顧

米線湯 US$1.5～

柬埔寨最具代表性的米麵條。以湯
頭清澈爽口為特徵，有豬肉、雞肉
等配料可以任選

烤雞肉飯 US$1.5～

粒粒分明的白飯上鋪著香噴噴
的大塊烤雞肉。由於雞肉沒有
去骨，食用時請小心

讓人陶醉的阿帕莎拉舞蹈秀

阿帕莎拉舞蹈的歷史可上溯至9世紀，為柬埔寨最具代表性的古典舞蹈。各地每逢過年或婚禮等喜慶場合都能看到表演，是已根深蒂固於柬埔寨日常生活中的傳統藝能，亦可至設有舞蹈專用劇場的餐廳、飯店等場所欣賞。

阿帕莎拉舞蹈的主角是所有傳統舞蹈女學員的憧憬目標

阿帕莎拉舞蹈是來到暹粒絕不可錯過的其中一項娛樂

何謂阿帕莎拉舞蹈？

【由來】

舞蹈據說源自爪哇、印度，於吳哥王朝初期的9世紀就已經傳入宮廷。15世紀吳哥王朝滅亡後也隨之消失，直到1989年左右才在高棉文化復興運動的推動下重生。

【代表曲目】

阿帕莎拉舞蹈

為吳哥王朝時代舉行宗教儀式或宮廷祝宴時的表演舞蹈。以腰部往後推的姿勢及獨特的手指動作為特徵，緩慢優雅的舞姿令人印象深刻。

利恩歌

為柬埔寨版本的印度史詩《羅摩衍那》中的情節，描述羅摩王子與弟弟羅什曼那一同前去解救魔王羅婆那搶走的悉多王妃。

金色人魚

同樣出自《羅摩衍那》中的情節。敘述猴王哈努曼為了救出悉多王妃，拜託人魚協助打造石橋的故事。

這裡看得到！

Koulen II

能容納600人的舞蹈秀餐廳，表演的品質很高。18時後開始供餐，採60多道菜色一字排開的自助百匯形式，可以邊用餐邊欣賞魄力十足的表演。🚗舊市場車程5分 🏠Sivatha Blvd. 📞090-630090 🕐18～21時 休無 💲US$12

MAP P.6B2

表演時間
每日19時30分～（所需:1小時）

吳哥索菲特佛基拉飯店

Sofitel Angkor Phokeethra Golf & Spa Resort
舞者的美貌、服裝的豪華、舞蹈的品質皆俱佳，優雅洗練的表演十分出色。表演場所在戶外的「Royal Court」，雨天則改至室內餐廳「The Citadel」。
🚗舊市場車程10分 🏠Vithei Charles de Gaulle 📞063-964-600 🕐19～22時 休無（5～9月僅週一、四、六舉辦）💲US$35

MAP P.6B1

表演時間
每日19時30分～（所需:1小時）

吳哥萊佛士大飯店

Raffles Grand Hotel D'Angkor
備有宮廷舞蹈「Ladies Bouquet」等6個表演曲目，可同時享用以30多道柬埔寨佳餚為主的亞洲料理自助百匯。🚗舊市場車程5分 🏠1 Vithei Charles de Gaulle 📞063-963-888 🕐19～21時 休週二、四、六、日(10～3月為週一、二) 💲US$35～

MAP P.7C1

表演時間
19時30分～（所需:1小時）

皮影戲也很精彩！

暹粒是皮影戲「Sbaek」的發祥地，有些餐廳還能邊用餐邊觀賞表演。人偶是用熟牛皮精雕而成，又分為投影在大布幕上的大型皮影戲「Sbaek Thom」及透過小布幕演出詼諧劇情的小型皮影戲「Sbaek Touch」兩種。

Crystal Angkor
DATA→P57
皮影戲僅於晚間演出

暹粒熱門景點No.1
酒吧街GO!!

酒吧街是暹粒當地最受歡迎的餐廳街。不只能吃到世界各國大廚的正統料理，還有直至深夜音樂放得漫天震響、熱鬧滾滾的夜店等，每晚都吸引大批觀光客前來朝聖。

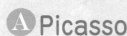

1.有許多歐美遊客喜愛的餐廳
2.不少餐廳都設有能享受舒適夜晚微風的露天座
3.酒吧後街的氣氛較為沉穩安靜
4.傍晚時分霓虹燈開始閃爍，營造出華美絢麗的氛圍

推薦景點

Ⓐ Picasso

MAP 別冊 P5A3

流洩著拉丁音樂的西班牙餐酒館

讓人彷彿置身於馬德里街頭般的西班牙風格小酒館，能品嘗伊比利豬生火腿以及與葡萄酒很對味的Tapas（下酒小菜）。

DATA

🚋舊市場步行1分
🏠The Alley West (next to Old Market)
📞無 🕐13時～翌日2時
🈲無 💰飲料US$2～

的人氣酒館
許多當地人也是常客

Picasso Plate US$10，
葡萄酒的種類也很豐富

由比利時人經營的道地咖啡酒吧

Ⓑ The Red Piano

MAP 別冊 P5A2

好萊塢女星也曾登門的老店

由百年歷史的殖民地建築改裝而成的舒適空間。餐點、飲料皆無地雷，不愧是當地的熱門名店。

DATA

🚋舊市場步行2分
🏠341, Mondul 1
Svay Dangkum
📞063-964750
🕐9時～翌日1時 🈲無
💰飲料US$2～

安潔莉娜裘莉在電影拍攝期間光顧店家時自創的古墓奇兵雞尾酒US$3.75

出發前先CHECK!

是怎樣的地方？
除了酒吧外還聚集了咖啡廳、餐廳、商店、按摩店等設施的商業地區，最熱鬧的時段是霓虹燈點亮後的傍晚時分。

治安沒問題嗎？
會有多位警官在現場巡邏，治安並不算差。基本上都是以遊客為導向的餐廳＆酒吧，因此當地人多定位為觀光區。不過，最好還是避免單獨一人行動。

要如何前往？
從西瓦塔大道周邊過來的話徒步約20分鐘；若從北部的高級飯店區域或6號線沿路的飯店過來，搭嘟嘟車10分鐘左右即可抵達。

何謂酒吧後街？
與酒吧街相通的巷弄以及酒吧街南側街道的總稱。這一帶也有許多餐廳和酒吧，很受旅居當地外國人的喜愛。

白天的酒吧街是什麼模樣呢??

白天四周一片靜悄悄，是很適合悠閒漫步其間的隱藏景點。若遺跡逛累了，不妨來這兒找家咖啡廳坐下來歇歇吧。

C BB Angkor Center MAP 別冊 P5A3

在晚風輕拂下大啖BBQ

位於酒吧街附近的BBQ專門店，在戶外享用的BBQ每道菜US$1.5～。也設有酒吧，生啤酒US$1.5～。每晚都吸引眾多歐美觀光客和當地人上門消費。

分量十足的BBQ大餐

DATA
🚶舊市場步行2分
🏠Old Market Area
📞無
🕐18～24時
休無

店頭耀眼的霓虹燈招牌很引人注目

D Little Italy MAP 別冊 P5A3

種類豐富的義式甜點也絕不可錯過

法國人經營的義大利餐廳。除了石窯披薩外，義式冰淇淋、提拉米蘇、奶酪等義式甜點品項也很充實。

DATA
🚶舊市場步行1分
🏠The Alley West, (next to Old Market)
📞012-315911
🕐7～23時
休無
💰單杯葡萄酒US$2.50～

也能吃到義大利進口的乳酪拼盤等佳餚

披薩和煙燻鮭魚都很受歡迎

推薦咖啡廳

E Cafe Central MAP 別冊 P5A3

也有供應早餐套餐的舒適空間

由古老磚造建築翻修成的殖民地樣式酒吧。店家老闆是蘇格蘭人，能吃到炸魚薯條、石窯披薩（各US$6左右）等多元餐點。

🚶舊市場步行1分
🏠Corner Street 9-11（near Old Market）
📞017-692997
🕐7～22時 休無
💰飲料US$1.5～

靜謐的氛圍很適合享受閱讀時光
藍莓＆香蕉果昔
US$3.5

F The Blue Pumpkin MAP 別冊 P5A2

在沙發上享用極品甜點

由曾任頂級飯店點心主廚的法國人所經營的咖啡廳。2000年開店以來自家製麵包和蛋糕都廣受好評，是當地的人氣店首選。

🚶舊市場步行1分
🏠365, Mondul 1, Svay Dangkum
📞092-227983
🕐6～22時30分
休無
💰飲料US$1.5～

馬卡龍1顆
US$1.25與乳酪
蛋糕US$2.5

2樓備有冷氣
相當涼爽

Part 2 美食行程

辛辣程度不若泰國菜，和越南菜又有些許口味上的差異，
絕不可錯過的柬埔寨必嘗佳餚如下所列。
每道餐點都會搭配眾多蔬菜，能同時兼顧營養均衡♪

高棉菜指南

料理特徵
酸味、甜味、鹹味混合在一起，口感
溫和圓潤。使用大量蔬菜和辛香料烹
調而成，健康指數百分百。以米飯為
主食，法國麵包也很普及。

調味
以香茅、生薑、大蒜、箭葉橙（卡菲
爾萊姆）葉子等製成的泥狀複合調味
料——咖哩醬為基礎，再加上羅望
子、椰奶等食材增添風味。

菜色組成
湯品是餐點的主角。當地人吃飯時
大多會淋上湯汁，同時搭配蔬菜和
蛋白質來源的海鮮或是肉料理。

POINT
廣受當地人喜愛的酸
湯，酸味來自於鳳梨、
番茄、羅望子

✽ 鳳梨酸湯
US$8～
除了鳳梨外還有蓮莖、冬瓜、
番茄等食材，是道酸味帶勁的
湯品。可以任選雞肉、豬肉、
魚等配料／A

POINT
將加了番紅花的蛋
液煎成薄薄的可麗
餅狀，內餡包入豬
雞混合絞肉炒豆芽
菜

✽ 柬埔寨風味御好燒
US$7.25
將餡料用煎蛋皮包起來，佐以
魚露為基底的醬料享用，並附
上大量生菜當配料／C

餐廳在這裡！

A 6號西側
Banteay Srei Restaurant
暹粒的老字號餐廳 MAP 別冊P6A1

1971年從路邊攤起家，如今是當地有錢人常光顧的名店。柬埔寨的經典菜色皆一應俱全，但有些風味較為獨特屬於上級者的口味。

🚌6號線路口車程3分　🏠108 Krom 7, Sala Kanseng Village
📞012-682-832　🕐6～10時、11～14時、18～21時
休無

B 舊市場周邊
Square 24 MAP 別冊P5B2
注入新意的傳統料理

能在有打燈裝飾的石佛像等擺設的高棉式摩登設計空間，享用別出心裁的傳統料理。口味十分道地，前菜約US$6，主餐約US$9.5。

🚌舊市場步行10分
🏠St. 24 Achasvar
📞012-614695
🕐11～14時、18～21時
休無

C 舊市場周邊
Champey Restaurant
改良自王室食譜 MAP 別冊P5A3

導入宮廷菜色持續守護傳統風味的名店。柬埔寨菜大多會添加香草和辛香料，但仍嘗得出食材本身的鮮甜味。

🚌舊市場步行2分　🏠Opposite to Old Market
📞063-964-713
🕐9時～22時30分　休無

POINT
原以為是辛辣味的咖哩，結果口感卻出乎意外地溫和。肉桂、八角等辛香料與椰奶十分對味

雞肉咖哩
US$9

招牌的咖哩鍋內有紅蘿蔔、地瓜、四季豆等配料，羅勒葉的清爽香氣讓人愛不釋口／B

將香蕉成熟前的花朵切成絲，與其他食材拌勻。酸味則來自魚露、檸檬汁等調製而成的沙拉醬
POINT

香蕉花雞肉沙拉
US$6

香蕉花的鬆脆口感讓人一吃就上癮，酸酸甜甜的清爽調味與啤酒也很搭／C

Part 3 購物行程

暹粒當地有許多高品質的產品，不妨利用遺跡巡禮的空檔時間前往逛逛。以遺跡浮雕為主題的服飾、使用柬埔寨香草製成的化妝品等，每一樣都好想帶回家自己享用。

包包 各US$30
以柬埔寨絲製成的休閒包／D
（Khmer Attitude）

托特包(S) US$20
以柬埔寨產蘭草為材質的人氣包，有白、黑、藏青、卡其四種顏色／C

流行單品

出自法國籍、柬埔寨籍設計師之手的商品，每年都有推陳出新的創意並持續進化中，配色也十分吸睛。

水布 US$44〜155
以絲綢和棉布編織而成的色彩繽紛水布，絲綢材質的價格略高／D（Gallery Cambodge）

禮服 US$205
據說是從和服中獲取靈感的絲綢禮服／D
（Khmer Attitude）

涼鞋 US$12
蘭草材質的觸感相當舒適，也很適合當室內鞋／C

涼鞋 US$65
使用柬埔寨產皮革製成的簡單款式涼鞋／D（Gallery Cambodge）

上衣 US$30〜50
以吳哥窟的浮雕為設計主題的涼感上衣／E

銀製墜飾 US$35〜45
於店內製作的裝置藝術風格墜飾，含銀量為92.5%／G

戒指 US$45
手工雕刻的鏤空圖案極具時尚感，也能當成墜飾／G

化妝包 各US$12
以洞里薩湖的魚為設計主題／E

T恤 各US$10
衣服上印有高棉文，深藍色衣是高棉語的母音一覽表，水藍色衣是「我」、白色衣是「愛」／B

這裡買得到！

A Kru Khmer
舊市場　MAP 別冊 P5A3

以在地香草製成的香氛產品

每天在暹粒的工房純手工生產的香氛SPA製品，不只使用當地的香草、椰子油等天然原料，可愛的包裝也很適合當伴手禮。
🚌 酒吧街步行2分
🏠 Old Market內
📞 092-829564
🕐 9〜21時
休 無

B Cambodia Tea Time
暹粒北部　MAP 別冊 P2B3

傳統餅乾與趣味十足的T恤

販售柬埔寨傳統餅乾Nom Thong Mung的名店，以一早現摘製成的椰奶為原料烘烤而成。店裡除了風味溫和的傳統餅乾外，也羅列著印上高棉文字裝飾的T恤等多樣商品。
🚌 舊市場車程15分
🏠 A-59 St. Vithei Charles de Gaulle
📞 063-761397
🕐 9〜19時
休 無

C SALASUSU Old Market Store
舊市場　MAP 別冊 P5A3

使用蘭草製品的流行品牌店

由非營利組織所營運的商店，目的在於支援沒有受教育與無就業機會的女性，在農村設立小工房並聚集附近的婦女擔任縫製的工作。呈現自然風格的各式商品，無論自用還是當禮物送人都很受歡迎。
🚌 酒吧街步行2分
🏠 Old Market內
📞 016-808712
🕐 8〜22時
休 無

雜貨&化妝品

除了使用柬埔寨產香草製成的化妝品外，還有能簡單體驗傳統療法的創意化妝品等品項。或是買條吊床帶回國，在家裡感受南國的風情吧。

護手霜 US$5
連容器也很可愛的護手霜，有檸檬草、花束香氛等5種味道／A

入浴劑 各US$5
能體驗柬埔寨傳統的蒸氣浴療法「Chupong」，一包為三次份量／A

Angkor Balm US$5
頭痛或肩膀痠痛時可用，與香港的虎標萬金油相比味道較不嗆鼻／H

吊床 各US$7
延展開來即可用來午睡，是很實用的推薦商品／B

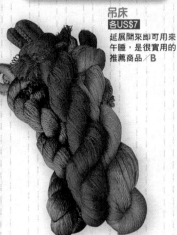

杯墊 各US$2
以藺草製成的彩色杯墊，有四角形、圓形等各式種類／C

防蚊噴劑 US$3～
內含柬埔寨產的香草，也可用於房間或車內增添香氣／A

椰糖 1袋US$6.6～
吃起來像是帶有椰子香氣的黑糖，也是非常好用的調味料／F

吳哥餅乾 US$6.6～
任誰一看就知道旅遊地點的熱門伴手禮，一盒10片裝～／F

點心&調味料&飲料

從仿世界遺產造型的熱門餅乾到傳統點心應有盡有，咖啡、黑胡椒、椰糖等包裝可愛的特產品也很多。

胡椒腰果 US$6.6～
帶有濃郁柬埔寨產黑胡椒風味的腰果／F

Nom Thong Mung US$6
口感清爽的餅乾令人回味無窮，一盒8條裝／B

咖啡&茶 各US$3.95～
有臘塔納基里省出產的人氣咖啡與蓮花茶、茉莉花茶／G

西瓦塔大道周邊
D Gallery Cambodge／Khmer Attitude MAP 別冊P7C1

由柬埔寨人製作的雜貨&服飾
進駐高級飯店的優雅品味店家，出自柬埔寨籍設計師之手的高品質製品一字排開。Gallery Cambodge以流行服飾為主，Khmer Attitude則以生活雜貨為中心。
交舊市場車程5分
住H吳哥萊佛士大飯店（→P68）內
☎063-963888
時10～22時
休無

舊市場周邊
E Old Forest MAP 別冊P5A3

柬埔寨特有的流行品味
由向志明的知名裁縫店「Flame Tree by Zakka（→P98）」所經營的店家。以蓮花為主題之類的柬埔寨特色商品羅列，極具魅力。
交酒吧街步行3分
住Ally west St. Old Market Area
☎063-6503798
時13時～21時30分
休無

暹粒北部
F Angkor Cookies
DATA→P63　MAP 別冊P4B1

舊市場周邊
G Saomao
DATA→P63　MAP 別冊P5A3

舊市場周邊
H Senteurs d' Angkor
DATA→P63　MAP 別冊P5A3

COURSE 5

參加自選行程前往
洞里薩湖
& 羅洛士遺跡群觀光

東南亞最大的湖泊──洞里薩湖位於暹粒以南約10km處，因含大量的浮游生物而形成富饒的漁場，居民們邊過著水上生活邊以漁業為謀生手段。建議參加自選行程，一窺當地人的生活景象。午後的時間，則可安排從吳哥遺跡區前往古代都城所在地的羅洛士遺跡群觀光。

↓導遊說：「大多數人都在不知情水質汙染的情況下繼續生活，今後應該會是一個很嚴重的問題吧」

●行程資訊➡P46

9:00	飯店集合・出發
	車程20～30分
觀光焦點 1 9:30	搭乘遊船
	船程約20～30分（有季節性變動）
10:00	參觀養殖場・休息
	船程約20～30分（有季節性變動）
11:00	下船
	車程20～30分
11:30	午餐
13:00	自由活動時間
15:00	飯店再次集合・出發
	車程30分
觀光焦點 2 15:30	羅洛士遺跡群
	車程30分
17:00	返回飯店解散

※也可縮減自由活動時間提早出發前往羅洛士遺跡群，或是調整時間安排在羅洛士遺跡群欣賞日落。

路線比較列表

散步指數	♪♪♪	全程皆以搭車、搭船移動，不需步行
美食指數	♪♪♪	午餐可飽嘗柬埔寨佳餚
購物指數	♪♪♪	沒有特別推薦的商店
美容指數	♪♪♪	沒有特別推薦的美容店
休閒娛樂指數	♪♪♪	能參觀水上人家的生活
建議造訪時間		9～17時
所需時間參考		8小時
預算參考		自選行程費用US$64

Lunch Spot

午餐時返回暹粒市內的餐廳，大快朵頤招牌的柬埔寨風味套餐。有的用餐空間會開冷氣，炎炎夏日也能吃得舒適。也可以另外付費點選西餐享用。即使不參加旅遊行程，個人自由行時也很值得前來品嘗一番。
※自選行程也有其他餐廳的情況。

Eat at Khmer

🚗舊市場車程10分
🏠National Rd. 6
📞012-280748
🕘9～21時
休無

MAP 別冊 P2A3

↑往吳哥窟
暹粒
國道6號
羅洛士遺跡群
②
Soutr Nikom
① 洞里薩湖

↑參加旅遊行程時的套餐菜色

↓很有氣氛的高棉樣式建築，也很推薦給非參加旅遊行程的遊客

向觀光客兜售食物和飲料的船家

⬆划著水盆天真嬉戲的孩子，還不時朝著遊客大喊「one dollar, please」

⬇碼頭邊有許多船家公司的遊船正在等候客人

因為放學了所以我在幫忙做家事唷

水上生活各種模樣

⬆棲息於湖泊的魚類有300多種，是居民賴以維生的經濟來源，但近年來因濫捕與水質汙染的問題已造成漁獲量逐漸減少

⬆能參觀鱷魚等動物的養殖場，也可以在此處休息片刻

豬圈
小屋內飼養著豬、雞等家畜，身體無法自由活動的動物看起來有點可憐

續P40

觀光焦點 1

前往水上人家生活的村莊！
洞里薩湖遊船

Tonle Sap Lake Cruise **MAP** 別冊P3C3

在巴戎寺的浮雕（→P14）上也能找到洞里薩湖的圖案。乾季時湖泊面積為3000k㎡、水深1～2m，雨季時則擴大3～4倍廣達1萬k㎡、水深14m，道路和農田會整個淹沒在其中。從事漁業的居民在水上建造住家、學校、商店等設施自成聚落，觀光客搭乘遊船即可一窺平常看不到的另類生活空間。

●這裡也有介紹➡P56

中小學校
在多個國家的支援下成立的中小學校，但據說還是有兩成的小孩沒有去上學。

一般的民家
電視、音響等設備一應俱全的富裕家庭，目前有250個家庭、1000多人生活在水上。

充電站
所有的生活必需品水上都有，建築下方的水中大多置有魚槽。

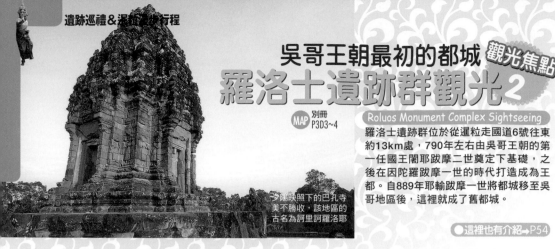

吳哥王朝最初的都城

羅洛士遺跡群觀光 2

Roluos Monument Complex Sightseeing

羅洛士遺跡群位於從暹粒走國道6號往東約13km處，790年左右由吳哥王朝的第一任國王闍耶跋摩二世奠定下基礎，之後在因陀羅跋摩一世的時代打造成為王都。自889年耶輸跋摩一世將都城移至吳哥地區後，這裡就成了舊都城。

MAP 別冊 P3D3~4

夕陽映照下的巴孔寺美不勝收，該地區的古名為訶里訶羅洛耶

●這裡也有介紹→P54

承 P39

羅洛士 景點 **1** # 巴孔寺
Bakong

MAP 別冊 P3D4

吳哥王朝初代都城的中心寺院。與吳哥窟同樣在伽藍周圍設有壕溝，為第一座金字塔型的寺院。寺內供奉著Indresvara神（因陀羅跋摩一世與濕婆神的合體）。

中央祠堂由法國遠東學院在1943年左右重建完成

DATA ● Bakong

創建國王	……因陀羅跋摩一世
建築年代	……881年
信仰	……印度教
美術樣式	……神牛寺樣式
參觀所需時間	……30分

北320m、東西350m、南環繞，當時四周有磚紅壤城牆

↓可於巴孔寺欣賞到吳哥王朝最古老的浮雕

羅洛士 景點 **2** # 羅雷寺
Lolei

MAP 別冊 P3D3

寺院建在巨大貯水池因陀羅塔塔迦湖（現在水已乾涸）中的小島上。為耶輸跋摩一世為了祭祀祖先而建，東北的祠堂內供奉著父王因陀羅跋摩一世。設置在中央的林迦也很值得一看。

DATA ● Lolei

創建國王	……耶輸跋摩一世
建築年代	……893年
信仰	……印度教
美術樣式	……神牛寺樣式
參觀所需時間	……20分

↓建築的大部分皆為磚造結構

羅洛士 景點 **3** # 神牛寺
Preah Ko

MAP 別冊 P3D4

DATA ● Preah Ko

因陀羅跋摩一世為祭祀祖先而創建的寺院，據說腹地內的西側即因陀羅跋摩一世的王宮遺跡。總共有6座祠堂，從東塔門望過去的前面3座由右至左分別安置著毗濕奴神、濕婆神、梵天神。

創建國王	……因陀羅跋摩一世
建築年代	……879年
信仰	……印度教
美術樣式	……神牛寺樣式
參觀所需時間	……20分

➡以歷史最悠久的吳哥遺跡而廣為人知

市區的遊逛方式與市內交通

掌握交通狀況與移動重點
有效率地暢遊吧♪

☑ **市區移動與遺跡巡禮時的注意事項？**
遊逛方式的重點……　P42

☑ **有哪些交通工具？費用？**
主要的交通工具……　P42

☑ **如何利用包車或嘟嘟車？**
包車……　P43
嘟嘟車……　P44
摩托計程車……　P45
出租自行車……　P45

☑ **有效率的遺跡巡禮方式？**
自選行程……　P46

依照不同的狀況、時段
選擇最適合的交通工具♪

c h e c k !

包車	新手指數	★★★	基本上是透過旅行社或飯店交涉，有時用英語也能溝通令人安心
	划算指數	★	一人利用時價格稍貴，多人利用的話就很實惠
	雨天時的實用指數	★★★	即使下雨也不會淋濕，坐起來舒適
	安全指數	★★★	雖然安全，但離開車子時切記別將貴重物品留置車內
嘟嘟車	新手指數	★★	包車時一定要在搭乘前交涉好費用，最好先知道大概的行情
	划算指數	★★	多人利用或透過議價可以便宜許多，但也有可能會被敲竹槓
	雨天時的實用指數	★★	雖有車頂，但碰到突然來襲的驟雨還是會淋濕
	安全指數	★★	女性夜間單獨搭乘、長距離或長時間的利用都最好避免
摩托計程車	新手指數	★	包車時請事先交涉價格，須小心違反契約內容的司機！
	划算指數	★★★	一人利用絕對划算，也是當地人常用的代步工具
	雨天時的實用指數	★	即便遇到下雨，也只能全身溼答答地繼續前行
	安全指數	★	雖然很便利，但摩托車的交通事故也多請小心

市區的遊逛方式與市內交通

市區的遊逛方式

路名會以柬埔寨語和英語標示

鋪上柏油的道路也越來越多了

遊逛方式的重點

巡訪遺跡時包車最方便

遺跡區內並無隨招隨停的計程車或嘟嘟車、摩托計程車，因此以暹粒為起點的移動方式基本上只能包車。入內參觀遺跡時，司機會在外面等候。

街上號誌燈稀少

暹粒雖然正邁入國際化的度假城市之列，但如今依舊散發著悠閒恬靜的氛圍。行駛在街上的車輛時速大多在40km/h以下，橫越馬路時也不會困在途中進退不得。位於市中心西瓦塔大道與國道6號交叉路口上的號誌燈，是長年以來暹粒當地唯一的一座，不過從2007年後其他的場所也開始陸續設置，目前已經有10座號誌燈。

交通號誌燈

先記住醒目的建築

並非所有的道路都有路名。向當地人詢問場所在哪裡時，除非是像國道6號、西瓦塔大道般的大馬路，不然大多會以「○○的前面」「△△的旁邊」之類將醒目的建築當成起點來描述。如果預定會再回訪該場所，不妨先記住附近有哪些明顯的地標吧。

雨季的驟雨過後道路宛如小河

屬於遊客徒步範圍內的暹粒市區，幾乎都已經鋪設柏油路了。可是每當雨季的驟雨過後，即便是主街的西瓦塔大道也會淹成小河，得好幾個小時積水才會消退。最好穿雙方便好走、弄髒了也無所謂的鞋子再出門吧。

主要的交通工具

視目的地
選擇交通工具

交通工具	費用參考	運行時間	建議避開的時段
包車	附司機與導覽服務， 包車半天（4小時）：US$55～ 包車1天（8小時）：US$110～ 視目的地須另付追加費用	包車時間可依需求調整	無
嘟嘟車	包車1小時：US$3～5 包車1天（吳哥地區內）： US$15～20 包車1天（含郊區遺跡）： 視目的地而異	7～21時左右。人潮較多的時段隨手就能招到車，酒吧街周邊和民宿前直至23～24時左右都還能招到車	夜間。此外，須留意下雨時或雨後較容易發生交通事故。
摩托計程車	包車1小時：需交涉 包車1天（吳哥地區內）： US$10～15 包車1天（含郊區遺跡）： 視目的地而異	6～21時左右。人潮較多的時段隨手就能招到車，酒吧街周邊和民宿前直至23～24時左右都還能招到車	夜間。此外，須留意下雨時或雨後較容易發生交通事故。
出租自行車	城市車1天約US$2， 登山車1天約US$5	自行車出租店的營業時間約為7～17時	日落後最好避免騎自行車

可以請司機來飯店接人

包車 Tual Lan
ដួលឡាន

最安全也最方便的方式就是包車，能以1天或半天為單位租用汽車+司機。一人獨自包車會比較貴，人數夠多的話即可事先安排。柬埔寨的天氣高溫炎熱，移動時能待在有冷氣空調的車內著實輕鬆不少。

●試試看包車

也能請飯店代為安排

1 預約

抵達後再透過飯店或旅行社安排也行，但也可能遇到旺季期間遊客較多的情況，因此出國前先提早預約會比較安心。

2 上車

可以請司機直接到飯店或機場等場所接人上車。乘車時，基本上是由司機幫客人開車門。

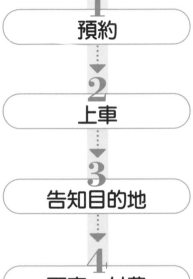

3 告知目的地

告知司機當天想要造訪的場所。有許多司機並不會說英語，不妨多加善用旅遊指南書！

即使語言不通也沒問題

4 下車・付費

付費方式請事先向代為安排的飯店或旅行社詢問。對於提供服務的司機，也可給點小費聊表心意。

●透過旅行社預約

不僅有許多簽約合作的車輛和司機，還能提供導覽服務也讓人很放心。暹粒當地有多家旅行社，舉例來說Sketch Travel（→P46）包車＋司機的費用，半天（4小時）US$25～、1天（8小時）US$45～（視目的地須另付追加費用）。

●在機場預約

暹粒機場入境出關後的出口處，就設有專門提供預約的櫃檯。若只在吳哥地區觀光，摩托計程車1天US$10、汽車1天US$30；若要延伸至大皇宮、高布斯濱等郊區，就得另外支付追加費用。也可以上網www.siemreap-airporttaxi.com（英語）預約。

Tourist Transport Association
✉Siem Reap Airport 📞063-963572
🏢會配合班機抵達時間營業
休無

●透過飯店預約

可請自己下榻的飯店代為安排，但飯店車輛的收費常常會比較貴。

因為是透過旅行社或飯店代為預約，所以用英語溝通即可

司機身上會掛著證件，若有任何問題可以馬上連絡公司

穿著制服的司機

嘟嘟車

Rumo
រ៉ឺម៉ក

想搭短程時即可輕鬆利用，正是嘟嘟車的魅力所在

說 到嘟嘟車（三輪計程車）就會聯想到泰國，不過柬埔寨的嘟嘟車稍有不同，是在摩托車的後方加拖一個2～4人座的車廂。比摩托計程車的費用高，但可多人一起搭乘比較方便。車廂有附頂篷，即便下著小雨也沒問題。

●試試看搭嘟嘟車

編號背心雖已相當普及，但沒穿背心的司機還是很多

1 舉手招台嘟嘟車

有的嘟嘟車會空車在街上跑讓人隨招隨停，有的會停在路邊等待客人上門。無論哪一種都請選擇有穿背心的司機，背心即代表已在警察局登錄的證明。

許多司機都能以英語溝通，所以不會有太大的困擾，至少遺跡和知名飯店的名稱絕對聽得懂。若想洽談以小時計價的包車方案，務必先談好價錢再出發。

2 告知目的地

若遇到無法溝通的狀況，就拿出旅遊指南書或地圖比劃吧

3 上車

告知目的地後，坐上嘟嘟車後面的座位。途中若發現走錯路或車速過快，請立即提醒司機一聲。也曾發生過行李被後方摩托車飛車搶劫的事件，請多加小心。

有行李的話要小心以免途中掉落

4 下車・付費

抵達目的地後，下車支付費用。上車前如果沒有先議價，不妨參考下列的費用表再與司機交涉。若手上沒有剛好的金額會很難講價，所以一定要備妥小額的紙幣。無需給小費。

吹著舒適的涼風，一路欣賞沿途的風景

●遇到糾紛時

若為身穿編號背心的司機，請聯絡暹粒省警察局（→P113）並告知編號與糾紛的內容。雖然微不足道，但或許能慢慢地提升司機的品質。

●費用的基準

區間或時間	參考費用
舊市場～國道6號前方	US$1～2
舊市場～國道6號	US$2～3
舊市場～戴高樂路	US$3
市區內～暹粒國際機場	US$5～7
包車1小時	US$5
包車1天（吳哥地區內）	US$15～20
包車1天（含郊區遺跡）	視目的地而異

※上述金額僅供參考，必須自行與司機議價。

摩托計程車　Motodop／Moto
ម៉ូតូឌុប／ម៉ូតូ

柬 埔寨語稱為Motodop或Moto，是當地居民最常利用的代步工具。在商務飯店等級以下的旅館和民宿前候車的摩托車，大多都與該住宿設施有合作關係，也多數能以英語溝通。

有的司機為了避免吸入汽機車廢氣會戴上口罩，但幾乎沒有人戴安全帽

●試試看搭摩托計程車

●費用的基準

區間或時間	參考費用
舊市場～國道6號前方	US$1
舊市場～國道6號（沙樂市場）	US$2～3
舊市場～戴高樂路	US$2
市區內～暹粒國際機場	US$4～5
包車1小時	需交涉
包車1天（吳哥地區內）	US$10～15
包車1天（含郊區遺跡）	視目的地而異

※上述金額僅供參考，必須自行與司機議價。

1 舉手招車 or 預約
看到沒有載客的空車即可招手攔車。最好選擇身穿背心代表已在警察局登錄的司機，但普及率並不高。在大馬路上尋找摩托計程車時，就經常會有人前來詢問「Moto？」。如果想要包車，為避免糾紛包含費用交涉在內請飯店代為安排會比較安心，或是到Tourist Transport Association（→P43）也能獲得協助。

2 告知目的地 or 上車
有許多司機無法用英語溝通，不妨試著以高棉語（遺跡名稱即可）說出目的地，或是翻開旅遊指南書用手比劃。包車時請事先交涉好費用。乘車時須坐在摩托車的後座，女性切勿隨意環抱司機，請抓緊座位的下緣。若要前往郊區遺跡，由於部分路段的道路狀況不佳因此不太建議。

3 下車・付費
抵達目的地後，下車支付費用。務必要備妥小額紙幣，不需給小費。

出租自行車　Con Tual
កង់ជួល

使 用者雖然不多，但能隨心所欲地移動是最大的魅力。不過，白天太陽太大相當耗費體力，雨季有時道路還會淹水，得特別小心才行。

自行車出租店大多位於民宿等住宿設施較多的場所

●利用出租自行車

1 選定自行車
自行車出租店大多位於民宿林立的國道6號沿路、戴高樂路的周邊，有些飯店和民宿也會提供出租自行車的服務。車款有城市車、登山車，以及近來較少見的電動自行車等可以任選。挑選符合自己體型的車款，並確認剎車等細部有無異常。

（左）在店員的目送下啟程出發（右）保險起見可將背包固定在把手上

2 付費・出發
絕大多數都必須先結清費用。有些店家還規定要押護照或收取押金（US$10～），但交出護照的風險過大請盡量避免。當地道路與台灣一樣是靠右行駛，但交通事故頻仍須多加留意車況。放在車籃中的行李也可能會被搶走，請小心。

●費用的基準
城市車1天約US$2、登山車1天約US$5，出租以半天～1天為單位。

●交通規則
民眾擁有汽車和摩托車的比例逐漸增加中，交通事故也越來越多。除了車輛靠右行駛、遇到紅燈時停車等基本原則外，幾乎是處於毫無交通規則的狀態，因此只能靠自己多加留意。實際上，觀光客遭遇交通事故的案例也屢見不鮮。

3 還車
務必在規定的時間內還車，超過時間的話就得支付額外的費用。

 摩托計程車的糾紛事例：交通事故、被後方車輛超過時搶走行李、費用糾紛、女性遭遇性侵害等。建議採取請飯店叫車並代為交涉費用、乘車時將行李抱在胸前、避免夜間搭乘等自保措施。

自選♪行程

能夠在有限的停留時間內有效率地巡訪遺跡，同時以包車的方式輕鬆享受觀光樂趣的就屬當地出發的自選行程了，無論是初訪者還是重遊客利用價值都很高。全程皆有英語導遊，不需擔心語言的問題。從3～4小時的半日遊到行程滿檔的一日遊都有，可配合自己的時間選擇。

報名・洽詢處

Sketch Travel
☎ 012-890960, 015-890960
e-mail cambodia@sketch-travel.com（也可用 email預約）
MAP 別冊P2B3
URL http://cambodia.sketch-travel.com/
※最遲須於行程前一天的17時前預約

行程名稱	出發時間（所需時間）	費用	行程內容
吳哥窟&賞夕陽之旅	下午出發（約4小時）	US$20（吳哥遺跡的門票另計）	參觀吳哥窟，之後前往欣賞日落（行程可能會因天候因素而中止）。
大吳哥城&塔普倫寺遺跡之旅	上午出發（約4小時）	US$20（吳哥遺跡的門票另計）	參觀南大門、巴戎寺、塔普倫寺等吳哥遺跡的主要景點。
吳哥窟&大吳哥城遺跡之旅	8時左右出發（含休息時間約12小時30分）	US$43（吳哥遺跡的門票另計，含午餐費）	上午參觀大吳哥城、塔普倫寺等遺跡，午餐後前往吳哥窟、賞夕陽。
洞里薩湖遊船之旅	上午或下午出發（3～4小時）	US$25（含船費）	搭船遊覽東南亞最大的湖泊，一窺自古以來的傳統水上生活。
羅洛士遺跡群觀光	上午或下午出發（3～4小時）	US$24（吳哥遺跡的門票另計）	參觀位於吳哥王朝初代都城的3座寺院。另有與洞里薩湖遊船之旅的套裝行程（US$64，約8小時）。
崩密列寺遺跡觀光	上午或下午出發（約4小時）	US$35（門票另計）	造訪沉睡於叢林中如廢墟般的巨大遺跡，是相當熱門的人氣行程。
四大知名遺跡觀光	7時左右出發（約11小時）	US$110（門票另計，含午餐費）	巡遊崩密列寺與荔枝山、高布斯濱、女皇宮。
傳說中的貢開古城遺跡與崩密列寺觀光	8時左右出發（約10小時）	US$105（門票另計，含午餐費）	前往高30m以上的7層金字塔寺院貢開古城及廢墟寺院崩密列寺。
世界遺產柏威夏寺與崩密列寺觀光	7時左右出發（約13小時）	US$99（門票另計，含午餐費）	前往能欣賞絕景的天空神殿柏威夏寺與廢墟寺院崩密列寺。
騎賽格威繞行市內觀光	9～16時隨時出發（30分）	US$25～	騎乘直立式電動雙輪車漫遊街區（雨天則中止）。所需2小時的城市巡禮（US$68）也很受歡迎，能一窺平常觀光客鮮少造訪的在地景點。

◆以上是2018年6月取材時的行程內容及費用，標示金額為一位成人的費用。
◆上述費用為兩人參加時的一人價格，一人參加時的費用則為上述的兩倍。
◆行程內容會視交通狀況、天候、休館日等因素而變動。此外，費用包含的項目、取消費用的規定、集合場所等細節請於預約時做確認。

還有好多其他景點！

✤ 暹粒 ✤
依類別區分
推薦景點

接下來將依類別區分導覽
在P40前的特集中介紹不完的推薦景點。
已經決定好旅遊目的的人，
不妨就從這裡尋找自己想逛的地方吧！

Contents

透過Q&A快速瞭解
遺跡鑑賞的重點

以規模宏偉著稱的吳哥遺跡群，光欣賞就已經值回票價，但機會難得不妨在行前預習一下歷史與宗教的背景，讓旅程的樂趣多更多！

Q1. 有沒有最好先知道的神話？

A1. 有3部。

摩訶婆羅多
為印度教聖典之一的古印度史詩。描述般度族與俱盧族為了爭奪王位而爆發戰爭，當中穿插了各式各樣的教誨與奇聞軼事。可於吳哥窟的第一迴廊見到刻劃著戰鬥場面的浮雕。

羅摩衍那
與《摩訶婆羅多》齊名的古印度史詩。故事述說著毗濕奴神化身的羅摩王子，前往解救被魔王羅婆那綁架的悉多王妃。吳哥窟、女皇宮等遺蹟的浮雕上都有描繪相關場景。

乳海翻騰
為印度教的創世神話。以毗濕奴神為中心點，諸神與阿修羅將巨蛇的身體當成繩子互相拉扯攪動海水，當大海變成魔乳白色，長生不死藥甘露就會出現。在吳哥窟的第一迴廊等處都看得到。

Q2. 吳哥王朝總共有幾位國王？

A2. 802～1431年的630年間共有26位國王。

歷史摘要

①闍耶跋摩二世(802～834年)
　　吳哥王朝建國(802年)
②闍耶跋摩三世(834～877年)
③因陀羅跋摩一世(877～889年)
　　於訶里訶羅洛耶(現在的羅洛士遺跡群)建造都城
④耶輸跋摩一世(889～910年)
　　遷都吳哥(9世紀末)
⑤曷利沙跋摩一世(910～922年)
⑥伊奢那跋摩二世(923～928年)
⑦闍耶跋摩四世(928～941年)
　　遷都貢開(928～942年)
⑧曷利沙跋摩二世(941～944年)
⑨羅貞陀羅跋摩二世(944～968年)
　　再次遷都吳哥(944年)、
　　遠征占婆王國(現在的越南中部)(945～946年)
⑩闍耶跋摩五世(968～1000年)
⑪優陀羅迭多跋羅摩一世(1001～1002年)
⑫闍耶毗羅跋摩(1002～1010年)
⑬蘇利耶跋摩一世(1002～1050年)
⑭優陀羅迭多跋羅摩二世(1050～1066年)
　　各地內戰頻仍／Kamvau將軍造反(1065年)

⑮曷利沙跋摩三世(1066～1080年)
⑯闍耶跋摩六世(1080～1107年)
⑰陀羅尼因陀羅跋摩一世(1107～1113年)
⑱蘇利耶跋摩二世(1113～1150年)
　　建造吳哥窟／吳哥王朝征服占婆王國
　　(1145～1149年)
⑲耶輸跋摩二世(1150～1165年)
⑳特里布婆那多跋摩(1165～1177年)
　　占婆軍隊進攻吳哥王朝(1177年)
㉑闍耶跋摩七世(1181～1218年)
　　建造大吳哥城／吳哥王朝征服占婆王國
　　(1203～1220年)
㉒因陀羅跋摩二世(1220～1243年)
㉓闍耶跋摩八世(1243～1295年)
㉔蘇耳因陀羅跋摩(1295～1307年)
　　元朝的周達觀造訪吳哥王朝(1296～1297年)
㉕蘇耳因陀羅闍耶跋摩(1307～1327年)
　　柬埔寨最早的巴利語碑文(1309年)
㉖闍耶跋摩・拜里迷蘇剌(1327～1353)
　　向元朝派遣使節(1330年)
　　暹羅(現在的泰國)進攻吳哥王朝(1353、1394年)
　　王朝陷落(1431年左右)

應該事先認識的3位國王

開創吳哥王朝的國王
闍耶跋摩二世
於荔枝山(→P28)舉行登基儀式的吳哥王朝初代國王。曾經在訶里訶羅洛耶(羅洛士遺跡群)打造出都城的基礎，但當時的神殿和寺院幾乎都沒有殘留下來。

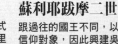
荔枝山是吳哥歷史的起源地

建造吳哥窟的國王
蘇利耶跋摩二世
跟過往的國王不同，以毗濕奴神為信仰對象，因此興建吳哥窟做為新的都城和王宮。與北宋重啟國家之間的交流，並遠征占婆王國。

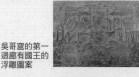
吳哥窟的第一迴廊有國王的浮雕圖案

吳哥王朝極盛時期的著名國王
闍耶跋摩七世
王朝時代最廣為人知的偉大國王。除了建造大吳哥城、塔普倫寺等佛教寺院外，還創設了柬埔寨首間醫院等設施，如今仍然廣受柬埔寨人民的愛戴。

國王曾居住過的巨大都城—大吳哥城

A3.印度教與大乘佛教。

印度教

4世紀左右誕生於印度的宗教。以起源於西元前13世紀的婆羅門教（重視祭祀儀軌的古代宗教）的吠陀聖典為基本理念，衍生出各式各樣的神祇及眾多的宗派。雖從印度發跡並傳播至各地，但融合當地土著信仰的情況也很常見，因此宗教的概念很難一言以蔽之。9～10世紀的吳哥王朝以濕婆派居多，12世紀以後毗濕奴派的勢力逐漸強大。

安奉在吳哥窟的毗濕奴神像

大乘佛教

由釋迦牟尼在西元前5世紀左右創立，與基督教、伊斯蘭教並列為世界三大宗教。可分成大乘佛教與上座部佛教兩個流派，當時的吳哥王朝屬於前者。大乘佛教與現今在台灣的佛教相同，以普渡眾生為基本教義。吳哥王朝的闍耶跋摩七世和因陀羅跋摩二世皆篤信大乘佛教。

巴戎寺的巨大觀世音菩薩四面佛像

印度教的神祇

以下簡單解說一下廣受多位國王信仰的印度教三大神（梵天神、毗濕奴神、濕婆神）以及周邊的諸神。

夫婦 →

拉克希米女神

毗濕奴神的妻子。於《乳海翻騰》之際誕生，掌管豐收與家庭和諧。在佛教中則以吉祥天（天女）之名廣為人知。

梵天神

從毗濕奴神的肚臍長出的蓮花中誕生，為世界的創造神。職責並非救濟眾生，因此與濕婆神和毗濕奴神的高人氣相比顯得存在感很低。

濕婆神

擅長跳舞的破壞神，既是破壞者也是恩惠的施予者，以公牛南迪為座騎。傳說中濕婆神與女性結合後創造了世界，林迦（男性生殖器）即濕婆神的象徵。

毗濕奴神

負責維護世界的存續，聖典中記載著只需三步就能跨越宇宙。擁有4隻手臂，以金翅鳥（怪鳥）為座騎。世界瀕臨滅亡危機之際，則會變成各種化身拯救萬物。

化身

克里希納神

毗濕奴神的十個化身之一，有著藍黑色的皮膚。為《摩訶婆羅多》中的主要人物，多以吹著橫笛的姿態出現。

象神

濕婆神與帕爾瓦蒂的兒子，能祈求財富、智慧、消災解厄。以老鼠為座騎，為知名的商業繁盛之神，但在吳哥王朝的存在感較為薄弱。

兒子

夫婦

帕爾瓦蒂

為濕婆神眾多妻子中的最愛，也是象徵美麗的女神。通常在描繪時不會單獨出現，而是與濕婆神一起現身。

Q4. 遺跡隨著時代變遷有何變化？

A4. 可大致分為3個時期。

～10世紀中期

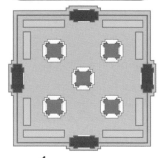

一開始的設計較為簡單，境內只散布著小祠堂。沒有迴廊，而是以圍牆環繞面東而建的各座獨立祠堂。後期則出現如巴肯寺般，運用地形起伏打造出仿須彌山的「山丘式」寺院。

代表性遺跡 巴肯寺、女皇宮、羅洛士遺跡群、Prasat Thom等

後期的女皇宮在圍牆周邊還多了細長型建築

初期的建築材料以紅磚居多，之後才逐漸改使用砂岩

～11世紀

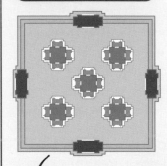

7世紀後半期以後從整座伽藍齊高的「平地式」，慢慢轉變成因宗教思想須強調須彌山的緣故遂將中央祠堂拉高的「金字塔式」。於中央祠堂的四方增設了前室，與圍牆及周邊的細長型建築合體後成為迴廊。

代表性遺跡 變身塔、塔高寺、西美蓬寺等

迴廊除了可以修飾外觀，同時還有營造宗教氛圍的效果

看起來並非硬質土卻很堅固的磚紅壤（紅土）多用於基礎部分

～13世紀

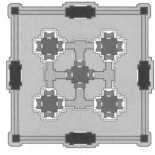

透過迴廊將祠堂與前室連結後樣式逐漸趨於複雜化，在巴普昂寺之後迴廊的角落還設置了小塔，迴廊變成具有冥想及安置佛像空間的功能。於信仰大乘佛教的闍耶跋摩七世時代，又再度改為「平地式」。

代表性遺跡 吳哥窟、大吳哥城、塔普倫寺、班蒂喀黛寺等

■ 塔　■ 塔門與小塔　■ 迴廊
■ 前室　■ 細長型建築

吳哥窟的5座祠堂皆以迴廊相連接

採用向外突出的假拱廊結構增加內部的空間

何謂須彌山？ 須彌山即印度神話中位於世界中心的山，被視為神佛降臨的神聖場所。
金字塔式的高塔寺院就是根據該思想打造而成，寺院周圍的壕溝則代表環繞著須彌山的大海。

Q5. 代表性的建築&美術樣式?
A5. 可大致分為10種樣式。

荔枝山樣式
（825～875年）

除了承襲前吳哥時期的風格，也受到來自爪哇、占婆美術的影響。以紅磚為主要的建築材料，門楣（入口處的橫木）上可見那迦（蛇神）等雕飾。

代表性遺跡 荔枝山

神牛寺樣式
（877～886年）

為祠堂加上周圍牆壁、塔門等伽藍基本格局的完成樣式。正值由「平地型」發展成「金字塔型」的時期，羅洛士遺跡群內的巴孔寺即以第一座金字塔型寺院而聞名。

代表性遺跡 羅洛士遺跡群

巴肯寺樣式
（889～923年）

出現利用自然地形而建的「山丘式」寺院。開始大量使用硬質砂岩，門楣等處的雕刻也變得更加精細，常見騎著金翅鳥的毗濕奴神等圖案。

代表性遺跡 巴肯寺、荳蔻寺

貢開古城樣式
（921～944年）

位於暹粒東北約85km處，能見到過去吳哥王朝首都的一貫風格。與巴肯寺樣式無太大差異，但越靠近中央的祠堂規模也越小。

代表性遺跡 Prasat Thom（貢開古城遺跡群）

變身塔樣式
（944～968年）

建築材料從紅磚幾乎全面改成砂岩。沿著伽藍的周圍牆壁蓋起了長方形建築，之後演變成為迴廊。門楣上則以蓮花之類的古典雕飾為主。

代表性遺跡 變身塔、東美蓬寺

女皇宮樣式
（967～1000年）

以吳哥美術最高峰的浮雕裝飾為特色。給人柔和印象的紅色砂岩門楣上，刻有被譽為《東方蒙娜麗莎》的精緻浮雕。

代表性遺跡 女皇宮

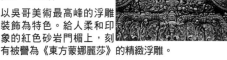

喀霖寺樣式
（968～1010年）

伽藍首次出現迴廊結構，還可見到十字塔門與八角形的側柱等。由於國內情勢不穩，門楣等處的美術裝飾並無太大發展，整體而言較為樸素。

代表性遺跡 塔高寺、空中宮殿

巴普昂寺樣式
（1010～1080年）

在喀霖寺樣式中出現的迴廊四隅增建了小塔，伽藍則以「金字塔型」為主流。門楣的裝飾漸趨華麗，描繪主題以諸神為舞台的神話故事等。

代表性遺跡 巴普昂寺、西美蓬寺

吳哥窟樣式 （1080～1175年）

伽藍內添增了不少建築並以迴廊相連，建築形式漸趨複雜。裝飾也比以往更加華麗，有許多雕工精細的蒂娃妲女神、阿帕莎拉仙女及故事性的浮雕。

代表性遺跡
吳哥窟
班提色瑪寺
崩密列寺

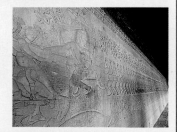

巴戎寺樣式 （1181～1243年）

在闍耶跋摩七世興建的佛教寺院中皆能見到的樣式，以從「金字塔型」重回「平地型」的伽藍格局、四面佛塔等為特徵。由於在短時間內建造了多座寺院，因此浮雕大多欠缺細緻度與優雅質感。

代表性遺跡
塔普倫寺
巴戎寺
寶劍塔
涅槃宮
班蒂喀黛寺
皇家浴池

✦✦ Sightseeing

觀光景點

以吳哥窟為首，
散布著許多以寺院為中心的文化遺產，
能一窺柬埔寨歷史與文化的
景點選擇性十分豐富！

特集也要
Check!

標準路線…P12
周邊遺跡巡禮…P22
郊區遺跡巡禮…P26

Advice

●服裝
考量必須上下陡急階梯與長時間行走，最好穿著行動方便的服裝款式。不能穿太過暴露的服裝，請選擇有袖的上衣、過膝的褲子或裙子。為了預防熱衰竭和中暑，請戴上帽子擦防曬乳並隨時補充水分。

觀光服務處
Tourist Office MAP 別冊P6B2
📞012-963461 🕐7時30分～11時30分、14時～17時30分 休無

吳哥
遺跡群

❋

9～15世紀迎來王朝的極盛時代，打造出建築規模震懾人心的高棉文化傑作。散落在叢林深處的遺跡群，如今依舊吸引著世人的目光。參觀各遺跡時需要門票（→P12）。

遺跡群中心　MAP 別冊P2B2

吳哥窟
Angkor Wat

沉睡在叢林深處的
高棉文化最高傑作

12世紀前半期由蘇利耶跋摩二世建立的石造寺院。除了誇示國王的權力外，亦有供奉印度教毗濕奴神的目的。象徵眾神居所「須彌山」的中央五塔，以及代表壯闊喜馬拉雅連峰的三重迴廊、浩瀚海洋的壕溝等吸睛景點不勝枚舉。總共費時30餘年才竣工，是全世界規模最大的單一遺跡。

↑倒映在蓮花池面的全景也很漂亮 →遺跡內有無數的蒂娃妲仙女神雕像，每一尊的表情都各異其趣

DATA 🗾120分以上
🚗市中心車程20分 🕐5時～17時30分
休無 💲吳哥遺跡的門票（→P12）

遺跡群中心　MAP 別冊P2B1

大吳哥城
Angkor Thom

可遙想昔日榮景的都城

從占婆王國奪回王都的闍耶跋摩七世於1181年建造的大都城。周圍由南大門等5座城門環繞的格局具體呈現出古印度的宇宙觀，中央則座落著象徵須彌山的巴戎寺。

DATA 🗾120分以上
🚗市中心車程25分 🕐6時～17時30分
休無 💲吳哥遺跡的門票

遺跡群東部　MAP 別冊P2B1

塔普倫寺
Ta Prohm

由榕樹盤結而成的傑作

1186年闍耶跋摩七世為祈求母親的冥福而興建的宗廟寺院，寺名取自「古老梵天」之意。據說原本有60多座堂塔，但其中的七成已經崩塌不復存在。目前遺跡還保留著發現當時榕樹盤根錯節的原始狀態，極具視覺震撼感。

DATA 🗾30～120分
🚗市中心車程25分 🕐6時～17時30分
休無 💲吳哥遺跡的門票

遺跡群東部　MAP 別冊P3C1

涅槃宮
Neak Pean

能治癒疾病的神祕沐浴場

闍耶跋摩七世於12世紀後半期所興建的沐浴場，以祈求病人能蒙受觀世音菩薩的恩澤。5個水池中規模最大的中央池內有座小島，島上佇立著中央祠堂。

DATA 🗾～30分
🚗市中心車程35分 🕐6時～17時30分
休無 💲吳哥遺跡的門票

世界遺產　絕佳景觀　必看景點
🗾～30分 所需時間大約30分　🗾30～120分 所需時間30～120分　🗾120分以上 所需時間120分以上

遺跡群東部　MAP 別冊P2B1

寶劍塔
Preah Khan

世界遺產 必看

高棉語意為聖劍
罕見的圓柱樣式寺院

12世紀後半期闍耶跋摩七世在激戰遺址所興建的佛教寺院，除了紀念與占婆軍隊作戰的勝利外，亦作為祭祀父王的菩提寺。兩層樓建築的欄杆上刻有那迦與阿修羅像，往內走即環繞著中央祠堂的三重圍牆，內側設有如迷宮般的迴廊。面朝迴廊的中庭還殘留著僧房與小祠，可從碑文及描繪諸神故事的雕刻一窺當時的內部情景。

吳哥遺跡群中罕見的圓柱樣式十分吸睛　➡浮雕上刻劃著阿帕莎拉仙女跳舞的模樣。崩壞中的遺跡隨處可見

DATA ⏳30～120分
🚗市中心車程30分　🕐6時～17時30分
🚫無　🎫吳哥遺跡的門票

遺跡群東部　MAP 別冊P3C1

牛場寺
Krol Ko

世界遺產

意為公牛舍的小廟

12世紀後半期～13世紀初由闍耶跋摩七世建立的巴戎寺樣式寺院，位於涅槃宮的北邊，目前還留有中央祠堂與藏經樓。來此造訪的遊客較少，可以靜靜地欣賞獅子與金翅鳥的石像浮雕。

DATA ⏳～30分
🚗市中心車程30分　🕐6時～17時30分
🚫無　🎫吳哥遺跡的門票

遺跡群東部　MAP 別冊P3C1

達松寺
Ta Som

世界遺產

曾為僧侶居住的僧院

12世紀末闍耶跋摩七世為了修行的僧侶而建造的僧院，供奉著22尊神明的境內還殘留著僧侶居住過的痕跡。屬於巴戎寺樣式的中規模遺跡，美麗的蒂娃妲女神浮雕與東北側的四面佛塔都是必看焦點。

DATA ⏳～30分
🚗市中心車程30分　🕐6時～17時30分
🚫無　🎫吳哥遺跡的門票

遺跡群東部　MAP 別冊P2B1

周薩神廟
Chau Say Tevoda

世界遺產

絕不可錯過精緻的浮雕

為蘇利耶跋摩二世時代的寺院，規模小巧但建築格局與吳哥窟相同。四方的塔門已經崩壞，蒂娃妲女神的深浮雕上當時所用的紅色顏料還清晰可見。

DATA ⏳～30分
🚗市中心車程25分　🕐6時～17時30分
🚫無　🎫吳哥遺跡的門票

遺跡群東部　MAP 別冊P3C1

變身塔
Prey Rup

世界遺產

亦為欣賞夕陽的名勝地

961年由羅貞陀羅跋摩二世所建立的宗廟寺院。位於東塔門與中央祠堂間的石槽，據說曾是舉行死者火葬以及在骨灰上描繪死者輪廓之Prey Rup（變身）儀式場所。

DATA ⏳～30分
🚗市中心車程25分　🕐6時～17時30分
🚫無　🎫吳哥遺跡的門票

遺跡群東部　MAP 別冊P3C1

東美蓬寺
East Mebon

世界遺產

曾佇立於貯水池中的寺院

位居巨大貯水池東大人工湖中央的宗廟寺院，由羅貞陀羅跋摩二世於952年所建。中央塔置有濕婆神的林迦，周圍的4座塔則供奉著仿王室祖先的神像。目前水池已完全乾涸。

DATA ⏳～30分
🚗市中心車程30分　🕐6時～17時30分
🚫無　🎫吳哥遺跡的門票

遺跡群東部　MAP 別冊P3C2

班蒂喀黛寺
Banteay Kdei

世界遺產

現在仍是眾多僧侶居住的僧房

名字意為「僧房之城」，推測以前曾是僧侶研習學問的場所。原本是印度教的寺院，12世紀後半期才由闍耶跋摩七世改建成為佛教寺院。於東西700m、南北500m的腹地內林立著東平台、全柱殿、祠堂等建築。

DATA ⏳～30分
🚗市中心車程20分　🕐6時～17時30分
🚫無　🎫吳哥遺跡的門票

遺跡群東部　MAP 別冊P3C2

皇家浴池
Sra Srang

世界遺產 景觀

王室成員用於沐浴的聖池

東西700m、南北350m的貯水池據說是闍耶跋摩七世與王妃的沐浴場所，平台上佇立著兩尊石獅以及擁有7顆頭的那迦。在波布政權時代曾當作水田耕種，後來才由現在的政府恢復原狀。亦為欣賞日出的著名景點。

DATA ⏳～30分
🚗市中心車程20分　🕐6時～17時30分
🚫無　🎫吳哥遺跡的門票

遺跡周邊常有人隨口說著「我來幫您導覽吧」，就擅自介紹起來並要求支付費用，若態度不明確就等同於默許違法的行為，請務必斷然拒絕。

053

遺跡群東部　MAP 別冊P2B1

塔瑪儂寺
Thommanon

有小珠寶盒之稱

建於12世紀初期，是能一窺建築樣式變遷過程的珍貴遺跡。伽藍配置原本屬於平地式的寺院，但從中央祠堂的四方設有高低落差約2.5m的階梯來看，可得知後來又改成了金字塔式。浮雕也是必看的焦點。

DATA　⏳~30分
市中心車程25分　🕐6時~17時30分
休無　吳哥遺跡的門票

遺跡群東部　MAP 別冊P3D1

班提色瑪寺
Banteay Samre

與吳哥窟相似的格局

名字意為「色瑪族的城堡」，是以毗濕奴神為主神的印度教寺院，推論為蘇利耶跋摩二世於12世紀前半期所建。修復狀態良好，相當漂亮。祠堂的山形牆上刻有各式各樣的雕刻，也很值得一看。

DATA　⏳30分120分
市中心車程35分　🕐6時~17時30分
休無　吳哥遺跡的門票

遺跡群東部　MAP 別冊P2B1

塔高寺
Ta Keo

有古老水晶之意

被視為是吳哥窟試金石的金字塔型寺院，最上層的基壇佇立著5座堂塔。創建者為闍耶跋摩五世，過世後才改由闍耶毗羅跋摩完成後續的建造工程。

DATA　⏳~30分
市中心車程30分　🕐6時~17時30分
休無　吳哥遺跡的門票

遺跡群北部　MAP 別冊P3D2

女皇宮
Banteay Srei

高棉美術的巔峰之作

意為「女人城堡」的寺院，於闍耶跋摩五世時代的990年左右竣工。以中央祠堂的蒂娃妲女神像而廣為人知，還曾發生作家André Malraux因雕刻過於美麗而企圖盜挖的事件。基於保護「東方蒙娜麗莎」的目的，目前只能從遠處觀賞。

DATA　⏳30分120分
市中心車程50分　🕐6時~17時
休無　吳哥遺跡的門票

遺跡群東部　MAP 別冊P3C2

荳蔻寺
Prasat Kravan

供奉毗濕奴神的寺院

921年由曷利沙跋摩一世興建的印度教寺院。磚造的五座祠堂呈南北方向排列，中央祠堂的北側壁面上刻有毗濕奴神的圖案。另外還能欣賞到拉克希米女神等諸多狀態良好的浮雕。

DATA　⏳~30分
市中心車程20分　🕐6時~17時30分
休無　吳哥遺跡的門票

暹粒郊區　MAP 別冊P3D3~4

羅洛士遺跡群
Roluos Monument Complex

建都吳哥前的王都所在地

吳哥王朝首座都城訶里訶羅洛耶的遺址。790年左右由闍耶跋摩二世奠定基礎，後來在因陀羅跋摩一世時代才開始動工營造王都。主要的遺跡有建於879年的神牛寺，以及吳哥王朝第一座金字塔型寺院的巴孔寺、佇立於大貯水池中央為祭祀祖先而建的羅雷寺等。其中名字意為「聖牛」的神牛寺，還殘留有珍貴的灰泥雕刻以及聖牛南迪與獅子的雕像。

➡巴孔寺南側壁面上清晰可見的阿修羅浮雕

⬆身為王都中心寺院的巴孔寺

DATA　⏳30分120分
市中心車程30分　🕐6時~17時30分
休無　吳哥遺跡的門票

廣受歡迎的 Kongkear Angkor

搭乘高棉傳統造型的船隻環繞大吳哥城的壕溝

2010年所推出的觀光遊船行程。能享受綠意盎然的林木與鳥兒嘰喳聲，邊緩緩航行在寬150m的大吳哥城壕溝中。可從船上眺望到外牆、南大門、巴戎寺的四面佛塔等，欣賞迥異於平常的風光景色。乾季期間還能在途中的西南角下船，徒步穿越城牆造訪帕沙青我寺。從壕溝前方徐徐落下的夕陽美景也很推薦，氣氛十分浪漫。基本上不需預約，但若要選擇附餐點的行程還是事前預約為佳。

⬆重現也出現在巴戎寺壁面雕刻上的高棉傳統造型船
一面眺望遺跡一面享受悠閒的時光

DATA　MAP 別冊P2B2　⏳30分120分
Kongkear Angkor
📞063-766408　🕐7~18時
休無　1人1小時US$15　

世界遺產　絕佳景觀　必看景點
⏳~30分 所需時間30分程度　⏳30分120分 所需時間30~120分　⏳120分以上 所需時間120分以上

其他特色景點

除了遺跡之外，還有博物館等諸多充滿魅力的景點。可透過調查團挖掘出的佛像、主題公園、阿帕莎拉舞蹈劇場感受柬埔寨與高棉文化，或是前往培育傳統技能的技術學校參觀。

暹粒北部 MAP 別冊 P2B3

西哈努克吳哥博物館
Preah Norodom Sihanouk Angkor Museum

展示從班蒂喀黛寺挖掘出的佛像

2001年由上智大學石澤良昭教授擔任團長的國際調查團，於班蒂喀黛寺（→P22、53）挖掘出274座佛像，是遺跡調查開始以來規模最大的發現。通稱西哈努克永旺博物館的建築正是展示調查成果的設施，贊助單位為日本的永旺集團。館內不只陳列著佛像，還收藏了刻有1008尊小佛的千體佛石柱等文物。

↑排列著佛像的展示室，中央即千體佛石柱

→紅色外觀讓人印象深刻的博物館

DATA ⏱30～120分
🚗舊市場車程20分
🏠Phum Baeung Don Pa.
📞063-763575
🕐8～17時
🈳週一 💰US$3

暹粒北部 MAP 別冊 P4B2

吳哥國家博物館
Angkor National Museum 必看

想深入瞭解吳哥遺跡的人絕不可錯過！

專門介紹吳哥遺跡的博物館。共有「吳哥窟」、「偉大的高棉國王」、「傳統服飾」等八個主題的展示廳，以實體佛像、影片等方式提供淺顯易懂的說明。亦可選擇中文的語音導覽US$5，聆聽更多詳細的解說。除了優質伴手禮羅列的The Museum Shop（→P62）外，還附設了占地兩個樓層的購物中心，有餐廳等店家進駐。

↑附設有購物中心

↑備有中文的語音導覽服務
←販售高品質的柬埔寨伴手禮與書籍的 The Museum Shop

DATA ⏱30～120分
🚗舊市場車程5分
🏠968, Vithei Charles de Gaulle 📞063-966601
🕐8時30分～18時30分(4～9月為～18時) 🈳無 💰US$12

國道6號西側 MAP 別冊 P2A3

柬埔寨民俗文化村
Cambodian Cultural Village

認識匯集各種元素的柬埔寨傳統文化

位於從機場往暹粒市區途中的主題公園。遼闊腹地內各式各樣的設施散布其間，有蠟像館、寺院模型、巨大涅槃佛像、基督教堂與伊斯蘭寺院、各民族的傳統家屋等。各處還會舉辦重現各民族舞蹈及傳統結婚儀式的活動，若剛好遇上可千萬別錯過。另外也附設有提供豐富柬埔寨佳餚的餐廳和按摩設施。可以選擇徒步方式遊逛，或是搭乘電動車（US$12～）遊園。

↑能欣賞到孔雀舞表演

↑作工精細的寺院模型
←蠟像館內展示的僧侶人偶

DATA ⏱120分以上
🚗舊市場車程15分 🏠National Rd. 6 📞063-963098 🕐8～18時(週六日為～20時) 🈳無 💰US$15

🎵 遺跡的保存與修復作業在各國的協助下仍持續進行中。有的如巴戎寺般先解體再重組，有的則如塔普倫寺般採取讓建築與自然共生的維護方式。

暹粒郊區
MAP 別冊 P3C3

洞里薩湖
Tonle Sap Lake

一窺自古以來的生活景象

東南亞規模最大的湖泊，為柬埔寨人提供豐富的自然資源。雨季與乾季的面積變化高達三倍，雨季時湖水蔓延帶來豐沛漁獲，乾季一來水退去後則成了肥沃的農地。可以參加自選行程（→P46）或搭乘遊船（達到一定人數隨即出發，所需1～1.5小時）造訪水上漁村，參觀水上人家的生活模樣。

↑水上村落裡的學校、醫院、商店也都在水上
→坐上小船來趟遊湖之旅

DATA
市中心至遊船碼頭車程20分　012-772656（遊船售票處）　7～18時（遊船）　休無　船票US$15～（視船公司與人數而異）

遺跡群北部
MAP 別冊 P3D2

地雷博物館
Mine Museum

在沒有政府的支援下進行撤除地雷的個人博物館

年幼時雙親遭屠殺身亡、曾加入紅色高棉與越南軍行列的Aki Ra，在不靠政府的情況下以己力進行撤除地雷的作業，並為失親孩童提供保護。博物館的成立目的是為了傳達柬埔寨地雷問題的嚴重性，因此館內置有捐款箱募集資金，附設商店的營利收入也是活動經費的來源。

↑也置有展板介紹相關內容
→已拆除的地雷仍給人身歷其境的震撼感

DATA
市中心車程45分　Near Banteay Srey　015-674163　7時30分～17時30分　休無　US$5

暹粒北部
MAP 別冊 P2B3

吳哥全景博物館
Angkor Panorama Museum

從震撼人心的影像認識歷史

2015年開幕的博物館。將吳哥王朝時代的生活模樣與戰爭場景，透過投影在圓形展示室壁面上的壯觀3D繪畫和動畫做介紹。

DATA
舊市場車程20分　Road 60M, Sangkat Slor Kram　063-766215　9～20時　休無　US$20

暹粒北部
MAP 別冊 P2B3

萬人塚
Killing Field

死者不計其數的殺戮場

柬埔寨各地都還留有大屠殺時代的刑場（Killing Field），這裡也是其中之一。目前是沃密寺的所在地。

DATA
舊市場車程15分　Wat Thmey　無　自由參觀　休無　自由捐獻

國道6號西側
MAP 別冊 P2A2

戰爭博物館
War Museum

隨意散置的舊武器

自1970年政變以來，柬埔寨的內亂持續了將近30年。在這段期間中使用了無數的兵器，也導致眾多人民犧牲喪命。柬埔寨國軍為了展示內亂時用過的兵器而成立了這座戶外博物館，從戰車、直升機、大砲等大型兵器到地雷、手榴彈等小型武器就雜亂地散落在野外的草地上。

→也有附英語的說明書

↑曾於實戰中使用過的大砲也沉睡在此地

DATA
舊市場車程15分　Near Airport　012-873666　8時～17時30分　休無　US$5

舊市場周邊
MAP 別冊 P4A4

吳哥藝術學院
Artisans Angkor

傳承傳統工藝的技術學校

能見到年輕人認真學習雕石像、木雕、精緻木製小物等傳統工藝品的製作方法。市區西邊約15km處還有另外一間分校，專門教授銀飾品的製作技法。

DATA
舊市場步行10分　Stung Thmey St.　063-963330　7時30分～17時30分（商店為～18時30分）　休無

世界遺產　　絕佳景觀　　必看景點
～30分 所需時間30分程度　30～120分 所需時間30～120分　120分 所需時間120分以上

◆ Groumet

美食

高棉菜對一般人來說較為陌生，
雖然加了大量辛香料和香草，
但大多屬於味道溫和的健康料理。
出自各國主廚之手的異國佳餚也不妨嘗嘗看！

特集也要
Check!

漫步酒吧街…P32
美食行程…P34
美食清單…別冊P16

Advice

●點餐
餐廳的話可翻閱依湯品、主餐等項目分類的菜單點菜；大眾餐館和路邊攤則不一定有菜單，可直接從店頭陳列的食材中挑選點菜。

●禮儀
一般會用叉子舀起食物，再放入湯匙就口。吃麵類的時候請勿發出聲音。

●水
大眾餐館等場所提供的水有時喝了會拉肚子，還是喝礦泉水（付費）比較安全。

柬埔寨佳餚

◆

有的店會針對外國人推出口味較溫和的菜色，也有的店是提供辛香調味帶勁的正宗在地風味，選擇性相當多元。若想一次品嘗多道名菜，則推薦能欣賞阿帕莎拉舞蹈表演的自助百匯餐廳。

國道6號西側　MAP 別冊P2A3

Crystal Angkor

邊欣賞皮影戲表演
邊享用柬埔寨菜

在大啖美食的同時，還能觀賞柬埔寨特有的皮影戲和阿帕莎拉舞蹈的餐廳。表演秀每晚皆有，皮影戲為19時10分～20時，阿帕莎拉舞蹈為19時30分～20時30分。備有20人與30人座席的包廂，人數眾多也可利用。餐點只提供US$20的套餐，可以選擇柬埔寨菜或是異國料理。

↑旺季期間建議造訪前先行預約
→絕不可錯過的傳統皮影戲

DATA
🚗舊市場車程15分　🏠 Krous Village, Svay Dangkum Commune　📞012-786786
🕐11～14時、18～21時　休無

西瓦塔大道周邊　MAP 別冊P6A3

Cafe Indochine

充滿法籍老闆
獨到品味的餐廳

由傳統高架式住屋改裝而成，氣氛絕佳。從柬埔寨菜到義大利麵之類的異國佳餚應有盡有。柬埔寨菜的菜單上有附照片，餐點內容清楚明瞭。魚肉或雞肉阿莫克、附馬鈴薯和荷包蛋的醬炒牛肉各為US$9，以黑胡椒調味的快炒料理US$7～等都是推薦菜色。柬埔寨菜與白葡萄酒（US$3～）也十分合搭。

↑旺季期間的晚間時段最好事先訂位
→口感清爽俐落的柬埔寨菜

DATA
🚗舊市場步行15分　🏠44 Sivatha Blvd.
📞 012-964533　🕐10時30分～22時　休無

西瓦塔大道周邊　MAP 別冊P6A3

Lyly

一日之始的早餐就來這兒吃吧

供應百分百在地味的大眾餐館。早餐選項有湯麵、雞肉飯等十分豐富，20時以後會推出各式粥品。晚間時段還有炸魚、魚乾、牛肉料理等菜色。

DATA
🚗6號線路口步行5分
🏠67 Sivatha Blvd.
📞 095-800890
🕐6～24時　休無

柬埔寨菜中很常使用魚乾之類的傳統食材，而且幾乎不添加化學調味料。
每個家庭調配的複合調味料——咖哩醬（→P34）就是整道菜的味道基礎。

暹粒北部 MAP 別冊P7C1

Tonle Chaktomuk Restaurant

也提供上網服務的便利大型餐廳

為柬埔寨＆越南菜的自助百匯餐廳，客席數多、接待團體遊客也沒問題。從阿莫克、生春捲、沙拉之類的前菜到各式湯品、麵類、炒飯、水果和甜點都有，種類多元豐富。午餐US$10；每晚18時30分會有表演柬埔寨傳統阿帕莎拉舞蹈的晚餐秀，含自助式晚餐的費用為US$12。

↑咖啡廳也設有戶外的座位區
→也有許多現點現做的餐點

DATA
🚗舊市場車程5分
🏠64 Angkor Wat Rd. 📞063-965052
🕐11～14時、17時30分～22時 休無

國道6號西側 MAP 別冊P4A2

Rom Doul Siem Reap Restaurant

柬埔寨版的火鍋專賣店

柬埔寨火鍋Chhnang Dae兩人份US$13～，味噌醬好吃得讓人讚不絕口。其他還有阿莫克、醬炒牛肉、炒鰻魚、炒青蛙肉等多樣菜色。

DATA
🚗舊市場車程10分 🏠200, National Rd. 6
📞012-663757 🕐6～22時 休無

沃波路周邊 MAP 別冊P4B4

Mr. Grill

絕品牛排非嘗不可！

每天都座無虛席的超人氣牛排店。先以紹興酒和當地米酒Slapao、番茄醬醃漬，佐上大量蒜頭後用炭火燒烤的菲力牛排Mr. Grill Beef 200g（US$7）堪稱極品美味。

DATA
🚗6號線路口車程5分 🏠Wat Bo St., Wat Bo Village 📞069-777767
🕐16～22時 休無

舊市場周邊 MAP 別冊P5B2

Chanrey Tree

融合西方元素的高棉菜

能品嘗因應外國人口味而加以改良的高棉菜。不僅裝潢時尚、餐點美味，還能享受店家誠心款待的服務精神。以醬炒牛肉為人氣招牌，將切成一口大小的牛肉煎烤後沾黑胡椒醬享用，據說是殖民地時代在歐美人士間流傳開來的菜色。另外還有高棉烤雞US$20，也是一道非吃不可的推薦美食。

→能感受新潮氛圍的店內

↑食材僅牛肉和香草，風味單純的醬炒牛肉US$7.9

DATA
🚗舊市場步行5分
🏠Pokombo Ave. 📞063-767997
🕐11時～14時30分、18時～22時30分 休無

舊市場周邊 MAP 別冊P5A3

Chamker

盡享柬埔寨的蔬菜

正如柬埔寨語中意為「蔬菜園」的店名，能品嘗到選用當地有機蔬菜烹調的素食料理。帶甜味的素食咖哩US$4.75，是店內很受歡迎的一道餐點。

DATA
🚗舊市場步行2分 🏠The Passage Old Market 📞092-733150 🕐11時～22時30分(週日是16時30分～22時) 休無

吸引眾人目光的阿帕莎拉舞蹈晚餐秀

「阿帕莎拉舞蹈」是誕生於12世紀左右的古典舞蹈。阿帕莎拉意為天女，也常出現在吳哥遺跡的浮雕上。天女們的曼妙舞姿原本是獻給神明的舞蹈，手指、手腕、足部的優雅動作都各有其代表意義。不過承襲傳統的舞蹈家有近九成都在波布政權時代成了屠殺的對象，如今倖存的少數舞蹈家正著手於阿帕莎拉舞蹈的復興運動。要觀賞表演的話可前往市內的飯店或餐廳，每天都會舉辦結合晚餐與表演的晚餐秀（→P31）。

←每場表演秀會演出5個左右的曲目，照片中為《阿帕莎拉之舞》
↓每一家晚餐秀的演出曲目幾乎雷同，照片中為《羅摩衍那》

🍴需事先訂位 有著裝規定 有英文版菜單 有諳英語的員工

其他佳餚

街上聚集著來自世界各地的遊客，也有許多能吃到法國、義大利、中國、日本等正宗異國料理的店家，多數集中在舊市場周邊和酒吧街、國道6號沿線區域。

暹粒北部　MAP 別冊 P4B1

L'Oasi Itariana

在綠意環繞的隱密餐廳品嘗正統義大利菜

暹粒當地能吃到道地西式料理的店家還是少數，而其中深得外國人青睞的就是這家由義大利籍老闆開設的餐廳。食材多從義大利進口以求能提供正宗的風味，推薦菜色有自製的起司馬鈴薯麵疙瘩、以瑞可達起司和菠菜為內餡的義大利餃等。前菜US$4～，披薩、義大利麵US$6～，主餐US$7～。

↑正前方是廣受歡迎的自製披薩US$7，配料有義式生火腿和蘑菇

→很有氣氛的庭園座位區

DATA
交舊市場車程10分
住4, Phum Trang
☎092-418917
時11～14時、18～22時　休無

舊市場周邊　MAP 別冊 P4A3

YOKOHAMA Restaurant & Bar

以沾麵為招牌的酒吧餐廳

面朝吳哥夜市街的餐廳&酒吧，猶如橫濱紅磚倉庫般的內裝開放感十足。能在輕鬆隨興的用餐環境中，品嘗日籍店長製作的拉麵。沾麵US$7～是店裡的人氣餐點，沾醬可從鹽味和味噌兩種任選。配菜的種類也十分豐富，很適合用餐後來光顧當成最後的收尾。店內還備有卡拉OK，內建了10萬多首日本的懷舊老歌。

↑自家製叉燒也是美味絕品

→位在西瓦塔大道西側的第一條街上

DATA
交舊市場步行10分
住Angkor Night Market St.
☎089-854603
時18～23時　休無

舊市場周邊　MAP 別冊 P5A2

Tell

正宗的德國啤酒與香腸

已在當地經營多年的德國&瑞士菜餐廳，擁有根深蒂固的人氣。室內擺設有如歐洲山中小屋般，給人舒適放鬆的感覺。菜色以德籍老闆家鄉的料理為主，除了常見的香腸和德國酸菜外，德式風味的義大利麵疙瘩、豬肉加啤酒燉煮的烤豬肉等餐點都有口皆碑。由瑞士進口的葛瑞爾起司、艾曼塔起司、切達起司三種起司混合而成的起司火鍋也是絕品。

→享受暢飲啤酒的熱鬧歡樂氣氛

↑豬肉US$7.5是德國南部的代表性食物

DATA
交舊市場步行2分
住374 Sivatha Blvd.
☎063-963289
時10時～22時30分　休無

國道6號西側　MAP 別冊 P2A3

L'Auberge Restaurant

品嘗以嚴選食材烹調的正統上海菜

能享用中國菜的大型餐廳，亦為吳哥窟霍華德飯店的主餐廳。以鮑魚、魚翅等海鮮為食材的上海菜廣受好評，各式點心US$4～及蒜炒鮮蝦US$18、海鮮炒飯US$8.5之類的菜色也都極具人氣。此外還提供使用新鮮食材的柬埔寨創作料理與自家製甜點，燒酎、清酒等酒類也很豐富。

↑能在寬敞的用餐空間中享受美食

→湯品、炒飯類的選項也很多

DATA
交舊市場車程20分
住Angkor Howard Hotel, National Rd.6
☎063-965000
時6時～10時30分、11時～14時30分、17時～22時30分　休無

海鮮經過發酵後製成的魚露「Tuk Trey」，是柬埔寨菜中不可或缺的調味料。濃縮的鮮甜味，無論加在火鍋、湯品、燉物等各式料理中當作提味都很適合。

西瓦塔大道周邊 MAP 別冊 P6B2

Le Connaisseur

享用道地法國菜與葡萄酒 度過羅曼蒂克的晚餐時光

位於法系品牌頂級飯店維多利亞吳哥度假村（→P68）內的餐廳，能品嘗到傳統的法國菜。食材主要從法國進口，其中又以鵝肝料理最受好評。葡萄酒除了法國產區以外，還收集了義大利、澳洲、西班牙、智利等地種類豐富的酒款。前菜US$10～16、主餐US$19～28，可從前菜一路吃到甜點的套餐US$45～也很有人氣。最好事先預約，稍微打扮一下再出門吧。

→以燭燈營造浪漫氣氛的店內

↑反烤蘋果塔US$7

DATA
🚗舊市場車程5分
🏨維多利亞吳哥度假村（→P68）內
📞063-760428
🕐17～23時 休無

↑正前方為兔肉佐芥末醬US$19

西瓦塔大道周邊 MAP 別冊 P5A2

Silk Garden

位於後街的隱密老酒吧

不只提供飲料，還能吃到高棉菜和西式餐點。尤其大受歡迎的高棉風味紅咖哩US$4.5，更是讓嗜辣者欲罷不能的一道。此外還有紐西蘭牛排US$12.5等菜色，雞尾酒的種類也很多。

DATA
🚗舊市場步行5分 🏨Pub Street Area 📞010-946886 🕐15～23時
休無

舊市場周邊 MAP 別冊 P5A3

Viva

大口享用辣味塔可餅

很符合南國風情的墨西哥菜名店。也有推出墨西哥脆餅佐起司醬的Nachos US$5、墨西哥蛋包飯US$3之類的早餐餐點。另有可樂娜啤酒US$3、吳哥生啤酒US$0.75。

DATA
🚗舊市場步行2分 🏨#697, 2Thou St. 📞092-209154 🕐6～24時
休無

遲粒北部 MAP 別冊 P4B1

L'Angelo

邊啜飲葡萄酒邊大啖北義大利菜

能享受法籍主廚的獨創料理與美麗擺盤的義大利餐廳。除了卡佩拉奇麵餃、牛肝菌菇筆管麵等熱門餐點外，生牛肉薄片、蘑菇燉飯也相當推薦。

DATA
🚗舊市場車程10分 🏨吳哥艾美飯店內 📞063-963900 🕐18～22時
休無

西瓦塔大道周邊 MAP 別冊 P5A2

Il Forno

輕鬆享用道地義大利風味

若想品嘗義大利媽媽的味道就來這兒。選用柬埔寨當地生產的蔬菜和肉類，麵粉等食材則從義大利進口。烤得酥酥脆脆的石窯披薩、手打義大利麵等餐點的價位皆為US$10左右。

DATA
🚗舊市場步行5分 🏨Near Pub St.
📞078-208174 🕐12時～15時30分、
17時30分～23時 休無

來挑戰試試路邊攤吧

要瞭解柬埔寨的飲食文化，光吃餐廳是不夠的。更平民化、更大眾化的食物，非路邊攤莫屬。路邊攤販賣的料理，也有許多是在餐廳少見的菜色。從早餐的粥品、速食麵、烤貝類、烤全雞、烤地瓜到甜點、手搖飲料等，路邊攤料理的種類簡直包羅萬象。雖然會擔心衛生方面的問題，但既然都來到柬埔寨了就體驗一次看看吧。

↑舊市場內的攤販。食材雖然新鮮，但周遭瀰漫著市場特有的雜亂感與氣味

→個別攤販幾乎都會在固定的場所做生意，但有時也會突然不見蹤影

🔖需事先訂位 👔有著裝規定 📋有英文版菜單 🗣有諳英語的員工

咖啡廳

當地有許多參觀遺跡後能坐下來小歇片刻的咖啡廳。有的透過精心佈置營造出舒適空間，有的提供食材講究的餐點，選擇性十分多元。也很推薦體驗正統的英式下午茶。

舊市場周邊　MAP 別冊P5B3

Hard Rock Cafe

進駐柬埔寨的首店

以搖滾音樂為主題的全球連鎖餐廳。柬埔寨的第一號店就設在暹粒，能吃到忠實重現倫敦風味的漢堡等人氣餐點。店內展示著知名音樂人的吉他等相關物品，中央的舞台於每晚20時～深夜還會舉辦熱力十足的現場演出。從舊市場越過橋後即可看到矗立於街角，也是逛街時的明顯地標物。

↑不妨感受一下現場演出的熱絡氣氛吧
→經典傳奇漢堡US$15與瑪格麗特US$7.5

DATA
🚶舊市場步行2分　🏠King's Road Angkor, at the corner of River and High school Rd.　📞063-963964　🕐11～24時　休無

暹粒北部　MAP 別冊P4B1

Cafe Khmer Time

來碗消暑解熱的沁涼芒果刨冰

當地廣受歡迎的咖啡廳，還附設柬埔寨熱門伴手禮──吳哥餅乾（→P63）的賣店。可以邊眺望露台枝繁葉茂的南國林木，邊坐在冷氣涼爽的店內享用各式冰品。芒果刨冰、鋪滿柬埔寨水果的柑橘刨冰皆為US$4.4，芒果、百香果等10種口味的果昔US$2.2～也很暢銷。

➡乾季時也可選擇舒適的露天座，備有報紙、雜誌可供翻閱

↑超大分量的芒果刨冰！

DATA
🚶舊市場車程10分　🏠Angkor Wat Rd.　📞017-976660　🕐9時30分～19時　休無

舊市場周邊　MAP 別冊P5A3

La Creperie Bretonne

美味不輸法國本地的鹹可麗餅

由喜好寺院的菲利浦夫妻倆所經營的咖啡廳＆酒吧。菜單設計由太太操刀，先生則負責外場服務，家庭式的氛圍也極具魅力。除了鹹可麗餅外，還有義式普切塔US$2之類的多款輕食。

DATA
🚶舊市場步行2分
🏠The Alley West
📞085-624327　🕐9～23時　休無

暹粒北部　MAP 別冊P2B3

Café Moi Moi

餐點均不添加化學調味料

店名由兩個柬埔寨語中代表數字1的「Moi」組成，有「從容悠閒」之意。能在綠意盎然的環境中，品嘗不使用化學調味料的柬埔寨菜等佳餚。Moi Moi套餐US$7～也很推薦。

DATA
🚶舊市場車程10分　🏠General Oung Oeng Park, Wat Themy　📞092-255563　🕐8～21時

暹粒北部　MAP 別冊P7C1

Conservatory

享受正統下午茶度過優雅的時光

提供英國式與高棉式的下午茶US$23～。陽光從大片窗戶灑落進來，能享受片刻的悠閒時光。

DATA
🚶舊市場車程5分　🏠H吳哥萊佛士大飯店（→P68）內　📞063-963888　🕐7～23時（下午茶為14時30分～17時30分）　休無

柬埔寨的法國麵包

柬埔寨在1863～1953年的90年間曾是法國的殖民地，當時傳入的法國麵包如今在大街小巷依然可見。除了風味樸實的長棍麵包外，有些攤販也會賣法國麵包三明治或冰淇淋三明治等商品。

麵包1條約R1000

外皮酥脆、裡面鬆軟的長棍

🎵在路邊攤和市場（→P63）常會看到一般餐廳不會出現的炸昆蟲小吃，有蟋蟀、田鱉、蜘蛛等奇珍異味，有勇氣的人不妨買來當零食吃吃看吧！

購物

❖ Shopping

從時尚服飾到傳統工藝品，
每一樣皆是品質與品味兼具。
除了一般商店以外，
博物館和市場也能享受購物樂趣。

特集也要 Check!
舊市場…P16・30
購物行程…P36

Advice

●付錢
大型伴手禮店和商店大多都有標價，但市場和攤販則幾乎不會標示出價格，有時在討價還價後甚至能降到最初喊價的一半。市場和攤販基本上都是以現金支付。

●店家種類
販售優質雜貨、服飾的店家多集中在舊市場周邊。

●營業時間
超市和市場皆一早就開始營業，一般商店則大多9時左右開店、21時關店。

柬埔寨伴手禮

❖

柬埔寨人當圍巾使用的「水布」、出自一位日本女性研發製作的吳哥餅乾，都是必買的伴手禮。還有將服飾、陶器等傳統工藝加入創新元素後推出的優質商品，也很吸引人目光。

暹粒北部 | MAP 別冊 P4B2

The Museum Shop

國家引以為傲的設計和品質

設在吳哥國家博物館內的商店。陳列著紡織品、珠寶等各種品味獨具的精選商品，有許多如水布、以柬埔寨絲綢製成的包包US$70之類日常即可使用的物品。

DATA Ⓔ
🚗6號線路口車程3分 🏠吳哥國家博物館內 📞063-966601 🕐9時～18時30分(4～9月為～18時) 🏠無

舊市場周邊 | MAP 別冊 P5A3

Khmer Yeung

高品質的伴手禮店

正如高棉語中意為「我們」的店名，收集了許多富柬埔寨特色的優質商品。無農藥的紅胡椒、以也用於遺跡建材的砂岩做成的去角質霜等，平常就能用到的原創商品也十分多元。

DATA Ⓔ
🚶舊市場步行即到 🏠40, Mondul 1, Svay Dangkum 📞092-836051 🕐9～21時 🏠無

舊市場周邊 | MAP 別冊 P4A4

Artisans Angkor

技術紮實掛保證的柬埔寨新美術工藝

附設在傳統手工藝技術學校——吳哥藝術學院內的直營店。學校內製作的品項從衣服、小盒子甚至是佛像等各種領域都有，讓人看得津津有味。除了分校吳哥製絲廠內的店鋪外，吳哥窟正面入口前的ANGKOR CAFÉ亦設有賣店（MAP 別冊P2B2），暹粒國際機場內也有分店。

⬆店內總是人潮不斷 ➡各式各樣的手工藝品羅列

DATA Ⓔ
🚶舊市場步行10分 🏠Stung Thmey St. 📞063-963330 🕐7時30分～18時30分(工房為～17時30分) 🏠無

舊市場周邊 | MAP 別冊 P5B3

Very Berry

令人愛不釋手的雜貨

精品店內盡是由日籍老闆嚴選而來的高品味柬埔寨雜貨與流行單品，以天然素材製成的布袋蓮編織包等原創商品也很有人氣。

DATA Ⓔ
🚶舊市場步行即到 🏠St. 2, Thnou, Mundul 1 📞077-850602 🕐10～20時 🏠無

舊市場周邊 MAP 別冊 P5A3

Senteurs d' Angkor

由法籍老闆精選的高質感柬埔寨雜貨

若想尋找精緻時尚的柬埔寨雜貨來這兒就對了。店內以老闆獨到眼光收集而來的原創商品為主，高棉絲綢服飾、民藝品、明信片等基本款伴手禮也在其列。最推薦的有茉莉花、尤加利、柑橘等各式香氣的手工皂US$2.5～，以及黑、白胡椒之類的辛香料US$4等天然素材商品。包裝設計也全出自老闆之手。

↑有各式各樣不同大小、形狀的手工皂
➡每年有5～6次的新商品上架

DATA ······· E
🚗舊市場步行即到　🏠Old Market Area
📞063-964801
🕐7～22時　休無

暹粒北部 MAP 別冊 P4B1

Angkor Cookies

吳哥窟造型的餅乾

由日籍老闆研發出來的吳哥餅乾US$6.6～是伴手禮的熱門選項，選用柬埔寨腰果製作的餅乾帶有溫和的甜味。黑胡椒堅果US$6.6～和蓮花茶餅乾US$5.5也相當推薦。

DATA ······· E
🚗舊市場車程10分　🏠Angkor Wat Rd.　📞012-315804　🕐9時30分～19時　休無

暹粒北部 MAP 別冊 P4B2

Angkor Candle

從燭火中顯現出來的美麗圖案

極具柬埔寨特色的雕塑香氛蠟燭專賣店。小型蠟燭US$5～、大型蠟燭US$35，樣式種類也很豐富。隨著中央的蠟燭燃燒熔化，周圍的圖案也會慢慢地浮現出來。

DATA ······· E
🚗舊市場車程8分
🏠No.247, Angkor Wat Rd.
📞063-760778　🕐10～20時　休無

舊市場周邊 MAP 別冊 P5A3

Saomao

有許多新潮漂亮的商品

店內擺滿著絲綢製品、飾品等英國籍女老闆精選而來的優質雜貨，銀戒指US$20～、耳環US$12～、柬埔寨產咖啡US$4.5。

DATA ······· E
🚗舊市場步行即到　🏠Old Market Area　📞012-818130　🕐8時30分～22時　休週日

漫步閒逛市場

市場內擺滿著各式各樣的商品，
從食材到日用品、雜貨以及搞不清是做什麼用的東西。
穿梭在來來往往的人群間遊逛，
不只能採買伴手禮，
還可一窺當地居民的生活面貌。

●舊市場
Old Market(Phsa Chas)

當地居民與觀光客的人潮絡繹不絕，是全暹粒最熱鬧的市場。規模雖然不大，但有鮮綠食材引人目光的生鮮食品店、商品隨意堆疊的生活用品店、伴手禮店、小吃攤販等店家，只要來這兒想要的東西幾乎都能買到手。
🕐6～18時　休無　MAP 別冊P5A3

↑當地人常利用的日用雜貨店

●吳哥夜市
Angkor Night Market

若想找尋體面周到的伴手禮，不妨來逛逛傍晚才開張的夜市吧。每到黃昏時分就有100家左右的伴手禮店一字排開，總是擠滿著品頭論足和討價還價的觀光客。腹地內還設有酒吧和按摩店，也是涼爽夜晚享受逛街樂趣的好去處。
🕐18～23時　休無　MAP 別冊P4A4

↑完全是針對觀光客的商品，因此價格也較高

●沙樂市場
Phsa Leu

規模為全市最大，也是當地人的御用市場。每天人山人海的廣大市場內，羅列著還沾著泥土的蔬菜、鮮魚以及氣味刺鼻的乾物、發酵食物等商品。這裡不只能買到食材，還有文具、藥品、衣服等眾多當地居民日常所需的用品。
🕐6～17時　休無　MAP 別冊P2B3

↑擺滿著五顏六色的水果

市場內的商品都沒有標價，因此必須跟店家交涉價錢。常發生當一知道是外國人就開高價的情形，請努力交涉到自己可以接受的價格。伴手禮店的話幾乎講英文都能溝通。

西瓦塔大道周邊 MAP 別冊P6A2

Lucky Mall

設有食品超市
購買日用品也很方便

暹粒最大的購物中心。地上3層的賣場內有餐廳、咖啡廳、雜貨屋等各式各樣的店家進駐，相當充實。1樓是最適合採買分送用伴手禮的超市，2樓有速食店、咖啡廳、美妝店等，3樓還有販售書籍與文具的大型書店International Book Center。

↑超市設在建築物的1樓
→2樓有多家服飾店

DATA
🚗舊市場車程3分或步行15分 🏠Sivatha Blvd. 📞063-760740
🕐9～22時 休無

西瓦塔大道周邊 MAP 別冊P6A3

Angkor Market

豐富的商品讓人逛得開心

能輕鬆享受採買樂趣的超市，從礦泉水、零食點心到酒精性飲料類，甚至洗髮精、防曬乳等日用品皆應有盡有。也有販售許多來自泰國、中國等國外的製品。

DATA
🚗舊市場步行15分 🏠52 Sivatha Blvd. 📞063-767799
🕐7時30分～22時 休無

柬埔寨伴手禮的最佳選擇！ 從柬埔寨的熱門伴手禮到專賣店的人氣商品一次大公開！

↑由身障人士擔綱演出的傳統音樂CD，可直接向吳哥夜市（→P63）前演奏的表演者購買

↑刻上巴戎寺和阿帕莎拉仙女浮雕的小型蠟燭各US$5，為Angkor Candle（→P63）的販售商品

↑經典伴手禮的吳哥餅乾（→P63），S尺寸US$6.6

↑臘塔納基里省是咖啡豆的著名產地，超市、雜貨店都買得到

↑可當成圍巾或防曬用的水布是熱門商品，舊市場等地都買得到

↑柬埔寨的傳統樂器三弦琴US$10～，舊市場（→P63）和遺跡等處都有賣

↑皮影戲Sbaek的人偶，小型人偶US$15也是很受歡迎的伴手禮

↑毗濕奴神布偶US$15，吳哥國家博物館內的商店（→P62）有販售

↑能撫慰人心的傳統風格佛像US$45，可至Artisans Angkor（→P62）購買

↑傳統餅乾Nom Thong Mung（Cambodia Tea Time→P36）是人氣逐漸上升中的伴手禮選項，16入盒組US$10

↑印上「小心地雷」招牌的地雷T恤US$3，從伴手禮店到各遺跡區的賣店到處都買得到

美容

Beauty

除了高級飯店引以自豪的SPA外，
極具清潔感的按摩店也陸續增加中♪
體驗柬埔寨古老傳統的高棉按摩，
將全身疲憊一掃而空吧！

Advice

●高棉按摩
療程中包括伸展與指壓式按摩，不需使用按摩油。柬埔寨的傳統按摩技法是透過鬆開筋肉讓血流變順暢，以便喚醒身體的自癒力。按摩施術後，會感覺身體變得輕盈許多。

●注意事項
SPA建議事先預約，若正值懷孕中、生理期或有過敏、敏感肌膚的人請先告知工作人員。療程中如果遇到力道過大、冷氣太強等問題，也請馬上反應。

SPA

以幾乎是國內價格的一半，即可享受高級飯店的高品質療程。不只高棉按摩，能讓肌膚倍感水嫩的身體裹敷、磨砂去角質等療程也很熱門。

西瓦塔大道周邊 MAP 別冊P6B1

Jasmine Spa

體驗高級飯店
令人憧憬的SPA

提供峇里島式按摩、精油按摩各為1小時US$46等30多種方案，服務品質有口皆碑。其中最推薦的是泰國古式按摩1小時US$40，藉由調整身體的「氣」來達到促進血液循環的目的。另外還有使用柬埔寨藥草和水果進行身體裹敷、去角質之類的療程。不僅氣氛佳，平實的價格設定也是高人氣的秘密。

↑天然高棉藥草去角質45分 US$35
→藥草球（後方）療程90分US$50

DATA
舊市場車程5分 速卡吳哥度假酒店（→P69）內 063-969999 8～22時（受理至21時30分）無

西瓦塔大道周邊 MAP 別冊P6B2

Healthy Sens

在南國度假村的SPA
讓身心感受極致放鬆

位於洋溢著南國氛圍的維多利亞吳哥度假村（→P68）內的SPA。提供柬埔寨特有的高棉古式按摩60分US$42，以及4種臉部療程（各為1小時US$52）、3種身體去角質方案（各為1小時US$47）等多元選項，也很受男性顧客的青睞。亦有伴侶兩人同時接受療程的Lover's Romantic Escape（110分US$117）等方案可以選擇。若天氣涼爽的話，也能在戶外泳池畔吹著微風邊享受服務。

↑總是笑臉迎人的工作人員

↑泳池畔僅限於可穿著衣服體驗的療程
←在綠意盎然的環境中讓身心都煥然一新

DATA
舊市場車程5分 維多利亞吳哥度假村（→P68）內
063-760428 9～22時（受理至21時）無

柬埔寨語實用會話…推薦哪一個呢？／tau mahob na chigan chian kae
好舒服！／throu 很痛！／chuu 請再大力一點／soam kran bonti

美容

暹粒北部  MAP 別冊 P4B1

Le Meridien Angkor Spa

由熟練的治療師 對患部進行溫和按摩

以舒適設備及治療師的嫻熟技法廣受好評的SPA。提供傳統高棉式按摩與源自於西方的瑞典式按摩，兩者都極具高水準。工作人員每兩個月都會在澳洲籍治療師的指導下進行訓練。最受歡迎的古式吳哥按摩60分US$65，是以背、腰、腳為中心適度按壓揉捏，以調整全身的氣血。

↑古式熱石按摩
（US$75／90分）
可讓身體由內而外暖起來
➡置於中庭的SPA按摩床

DATA 🔳🅴
🚗舊市場車程10分　🏨吳哥艾美飯店
（→P69）內　📞063-963900　🕙10～22時
🈳無

暹粒北部  MAP 別冊 P7C1

Amansara Spa

在名人御用的飯店 體驗奢華的片刻時光

安縵薩拉度假村（→P70）獨到的款待服務，絕對值得親身試試。療程室的空間寬敞，能在緩緩流逝的時間中享受按摩服務。精油按摩、傳統按摩皆為60分US$130。從房間可以眺望到庭園的壁畫，據說是吳哥窟周邊除了寺院外規模最大者。只要事前預約即使非住宿房客也OK。

↑能邊欣賞壁畫邊接受按摩療程
➡洋溢著悠閒自在的度假氛圍

DATA 🔳📖📷🅴
🚗舊市場車程5分　🏨安縵薩拉度假村
（→P70）內　📞063-760333　🕙9～22時(受理至21時)　🈳無

暹粒北部 MAP 別冊 P7C1

Raffles Spa

在老字號飯店享受頂級SPA

位於系出名門的吳哥萊佛士大飯店（→P68）內，以高水準的SPA療程與細膩的服務自豪。可以在悠然自在的奢華氣氛中，體驗傳統高棉按摩90分US$125、精油按摩60分US$69、熱石按摩90分US$125等近20款的精選療程。

➡SPA設在遠離客房棟的幽靜場所

↑伴侶可以同享按摩的房間

DATA 📖📷🅴
🚗舊市場車程5分　🏨吳哥萊佛士大飯店(→P68)內　📞063-963888
🕙10～22時(受理至21時)　🈳無

西瓦塔大道周邊 MAP 別冊 P6B1

Century Spa

以高水準的SPA手法博得人氣

位於吳哥世紀度假村飯店（→P70）內。高棉按摩1小時US$18、使用柬埔寨產植物油進行的精油按摩1小時US$30等療程都很熱門。

DATA 🔳📷🅴
🚗舊市場車程5分　🏨吳哥世紀度假村飯店（→P70）內　📞063-963777
🕙6～23時(受理至22時)　🈳無

舊市場周邊 MAP 別冊 P5B1

Frangipani Spa

廣受外國人青睞的SPA

提供使用咖啡、海藻、木瓜等各式各樣天然素材的SPA方案，在長住當地的外國人間很有人氣。臉部療程75分US$66，價格也十分親民。建議最好事先預約。

DATA 📷🅴
🚗舊市場步行10分　🏨24 Hup Guan
St.　📞063-964391　🕙10～20時(受理至19時)　🈳週一

暹粒北部 MAP 別冊 P4B1

So Spa with L'Occitane

選用法國品牌的高級化妝品

能在蘊含高棉建築元素的療程室中，體驗使用法國歐舒丹與泰國香氛品牌ISARA的獨家方案。相當受到歡迎的So Exhilarating Body Massage 1小時US$55。

DATA 🔳📖📷🅴
🚗舊市場車程10分　🏨吳哥索菲特佛基拉飯店(→P70)內　📞063-964600
🕙10～22時　🈳無

按摩

以舊市場周邊及西瓦塔大道為中心有多家按摩店散布其間，以下列出幾間無論在療程還是內裝、產品都相當講究的店家做介紹。基本上直接上門光顧也行，但人氣店的顧客人數眾多最好先行預約比較保險。

遲粒北部 　MAP 別冊 P4B1

Chai Angkor

以香茅之類的特製油進行按摩

位在戴高樂路上，可於參觀遺跡的回程順道光顧。可從香茅、茉莉花，等多款精油中任選，讓身心在放鬆的狀態下接受療程的油壓按摩1小時US$25，泰國古式按摩1小時US$20也很有人氣。大廳設有陳列著各種原創伴手禮的選貨店，也能買到療程中所使用的按摩油。備有免費接送服務，因此先預約再前往吧。

↑每位美容師的技術都很專業到位，令人安心
→位於大廳的LocoChai Shop

DATA
🚗舊市場車程10分　🏠Mondul 3, Slakram　📞063-964521
🕙10～24時(受理至22時)　休無

舊市場周邊 　MAP 別冊 P2B4

Spa Khmer

體驗自創美妝品&配方的傳統藥草蒸氣浴

2015年1月開張的SPA，由致力於研發柬埔寨美妝產品的Kru Khmer（→P36）所經營。約500坪的腹地內有5棟小屋，可以在香草園等綠意的環繞下，悠閒體驗柬埔寨式的SPA療程。10時～與13時30分～會推出柬埔寨傳統藥草蒸氣浴「Chupong」等體驗方案，另外還有添加藥草的手工皂DIY課程（US$30／90分）。

↑讓人神清氣爽的藥草磨砂按摩&傳統蒸氣浴（US$50／60分）
→坐在椅子上進行的藥草蒸氣浴

DATA
🚗舊市場車程10分　🏠Salakam Reuk Commune　📞011-345039　🕙10～20時
休週二

西瓦塔大道周邊 　MAP 別冊 P6A4

Your Beauty Spa

輕鬆享受傳統按摩

店家位於遠離舊市場喧囂的場所。能在簡易裝潢的空間中，體驗高棉按摩1小時US$8、精油按摩1小時US$12.80等高品質卻價格平實的療程。

DATA
🚗舊市場步行10分　🏠A17, Sivatha Blvd.　📞012-618774　🕙10～24時
休無

舊市場周邊 　MAP 別冊 P5A3

Lemongrass Garden

簡單體驗高棉式按摩

位於舊市場周邊，是一家提供高棉式按摩服務的沙龍店。收費便宜、治療師的經驗也很豐富，透過全身按摩（US$15／60分）能舒緩肩頸僵硬與旅途的疲憊感。

DATA
🚗舊市場步行4分　🏠202 Sivatha Blvd.　📞077-369025　🕙11～23時
休無

西瓦塔大道周邊 　MAP 別冊 P6A4

Asia Herb Association

廣受好評的藥草球按摩

使用100％純天然複方精油的全身按摩＋有機藥草球身體熱敷治療90分US$38～，是店內最有人氣的療程。

DATA
🚗舊市場步行10分　🏠11&12 Mondul 2, Svay Dangkum　📞063-964555
🕙9時～翌日1時(受理至23時)　休無

舊市場周邊 　MAP 別冊 P5A2

Bodia Spa

瀰漫著精油香氣的療癒空間

選用蜂蜜、高棉藥草等柬埔寨的天然美妝產品，治療師的技術也有口皆碑的SPA&按摩店。精油按摩BODIA CLASSIC 60分US$32～。

DATA
🚗舊市場步行1分　🏠Old Market Area　📞063-761593　🕙10～23時(受理至22時)　休無

除了高棉按摩外，塗上藥草、乳液增加肌膚水潤度與光澤感的身體裹膚，以及使用柬埔寨天然素材去除老化角質、喚醒肌膚活力的身體去角質療程也十分熱門。

✦ Hotel

飯店

從外資系的一流飯店
到居家氛圍的精品飯店
各式類型的住宿設施齊聚，
請依照區域與預算選擇飯店吧。

Advice

● 入住及退房時間
一般的入住時間為14時以後，退房時間為12時，若房間有空出也可早上就辦理入住手續。幾乎所有的飯店都能讓房客在入住前或退房後寄放行李。

● 費用
基本上除了住宿費外還必須外加各10%左右的稅金和服務費，也有飯店已內含在住宿費內。

● 小費
客房服務的小費約R2000～4000，給行李員的小費每件行李US$1左右。

頂級飯店

✦
擁有舒適的客房以及泳池、SPA、餐廳等設施的高級飯店，也很適合當作觀光的據點。有的飯店還會在大廳等場所舉辦以房客為對象的活動，辦理入住手續後記得確認一下，說不定會有意外的驚喜。

暹粒北部　MAP 別冊 P7C1

吳哥萊佛士大飯店
Raffles Grand Hotel D'Angkor

▎廣受VIP人士青睞的老字號飯店

柬埔寨首屈一指的高級飯店，座落於市中心的皇家花園對面。法國殖民地樣式的飯店內有復古電梯、以高棉式家具佈置的客房等，相當具有格調。每個樓層都配有專屬管家，服務品質也是有口皆碑。Raffles Spa（→P66）、咖啡廳Conservatory（→P61）等其他設施也很充實。

↑沉穩氛圍的豪華客房，有附陽台　➡泳池畔還設有酒吧

DATA
🚗舊市場車程5分
🏠1 Vithei Charles de Gaulle
📞063-963888　💰⑤ⓣUS $280～　119間

西瓦塔大道周邊　MAP 別冊 P6B2

維多利亞吳哥度假村
Victoria Angkor

▎品味獨到的度假式飯店

以法國殖民地樣式為基調、充滿高級感的法系度假飯店。所有客房皆附陽台，也有不同設計風格的套房可以選擇。飯店內的法國菜餐廳（→P60）與SPA（→P65）也都很受歡迎。

DATA
🚗舊市場車程5分
🏠Central Park　📞063-760428
💰⑤ⓣUS $165～　130間

暹粒北部　MAP 別冊 P7D1

傳承套房酒店
Heritage Suites Hotel

▎能徹底放鬆身心的隱密私人空間

佇立於綠意盎然的幽靜環境中，猶如置身在秘境般的飯店。出自設計過眾多知名飯店的法籍建築師之手的精品飯店，貼心溫暖的細膩服務極受好評。Villa類型的客房不僅附專屬的私人花園，還擁有能依個人需求自由區隔寢室與客廳空間的獨特設計。提供免費無線上網。

↑全部26間客房中有20間是Villa房型
➡洗鍊設計風格的建築物

DATA
🚗舊市場車程5分
🏠Wat Polanka　📞063-969100
💰⑤ⓣUS$150～　26間

🇪有諳英語的員工　有餐廳　🛍有商店　有泳池　有健身房

暹粒北部
別冊 MAP P4B1

吳哥艾美飯店
Le Meridien Angkor

離吳哥窟很近
便於觀光的高級假飯店

佔地面積廣大，橘色屋頂與白色牆面的高棉樣式建築十分吸睛。現代化設計的客房以白色為基調並大量採用木質建材，營造出讓人放鬆沉靜的空間。備有蓮花池環繞的宮殿風泳池、以種類多元的療程與高超按摩技術自豪的SPA、健身房等，設施十分充實。飯店共有6間餐廳＆酒吧，其中最推薦的是能品嘗到北義大利菜的「L'Angelo」以及能享用下午茶的「Lobby Lounge」。提供免費無線上網。

↑宛如遺跡般的特殊造型泳池
➡矗立在遼闊腹地內的飯店

DATA
🚗舊市場車程10分
🏠Vithei Charles de Gaulle
📞063-963900
💰Ⓢ ⓉUS $270～　213間

←採間接照明、光線柔和的舒適客房

國道6號西側
別冊 MAP P2A3

暹粒花園皇宮度假村
Angkor Palace Resort & Spa

保證提供高滿意度的下榻時光

坐擁11公頃寬闊面積的大型度假飯店，最適合想要悠哉享受假期的人。所有客房皆能望見泳池景觀，裝潢豪華氣派。

DATA
🚗舊市場車程15分　🏠555, Khum Svay Dangkum　📞063-760511
💰Ⓢ US $300～ Ⓣ US $350～　260間

西瓦塔大道周邊
別冊 MAP P5A1

暹粒柏悅酒店
Park Hyatt Siem Reap

能欣賞到阿帕莎拉舞蹈秀

座落市中心、地理位置絕佳的人氣飯店，能在簡約風格的空間度過悠閒時光。附設的餐廳有時還會舉辦阿帕莎拉舞蹈秀。

DATA
🚗舊市場步行10分
🏠Sivatha Blvd.　📞063-211234
💰Ⓢ ⓉUS $272～　104間

西瓦塔大道周邊
別冊 MAP P6B1

速卡吳哥度假酒店
Sokha Angkor Resort

在五星級的超豪華飯店
享受舒適放鬆的住宿時光

地處市中心位置的高級飯店。飯店內的裝飾擺設優美又極具高級感，能欣賞到高棉雕刻師傅手工雕刻的梁柱與裝飾品等。典雅風格的客房以木質調家具為主，營造出悠閒愜意的氛圍。除了日本料理「竹園」等4間餐廳和酒吧外，還有Jasmine Spa（→P65）、游泳池、購物街等充實設備。提供免費無線上網。

↑整座飯店每晚都會點上繽紛燈飾

↑Apsara Suite Room，每一樣家具都散發出高級感
←能品嘗日本料理的餐廳「竹園」

DATA
🚗舊市場車程5分　🏠National Rd. 6 & Sivatha Blvd. Junction
📞063-969999　💰Ⓢ US $250～ Ⓣ US $300～　275間

在飯店建設持續蓬勃發展的暹粒，基本上不需預約也能訂得到飯店，但若有心目中理想的飯店或正值旺季、過年期間等遊客較多的時期，建議還是事先預約為佳。

飯店

吳哥世紀度假村飯店
Angkor Century Resort & Spa

SPA和表演都深富魅力的舒適度假飯店

位於前往市區交通方便的四星級度假飯店。客房類型有Superior Room、Deluxe Room、Executive Suite、Century Suite等選項，皆設有浴缸。能消除旅途疲憊的「Century Spa」（→P66）擁有高水準的服務，請務必嘗試看看。至於餘興節目方面，每週三、五、日19時30分～的免費阿帕莎拉舞蹈秀也十分受歡迎。

↑客房內的典雅織物裝飾也很有特色
→中庭的游泳池也是度假飯店的標準配備

DATA
交舊市場車程5分
住Komay Rd.　電063-963777
金SUS$220～TUS$240～　190間

吳哥索菲特佛基拉飯店
Sofitel Angkor Phokeethra Golf & Spa Resort

如綠洲般的舒適環境

位於市中心往吳哥窟途中四周林木蔥鬱的五星級飯店。遼闊的腹地內設有噴泉大水池，周圍還矗立著充滿南國風情的茂密林木。客房的裝潢以棕色系為主，營造出輕鬆愜意的氛圍。水準有口皆碑的餐廳內，日式、中式、法式等各國佳餚應有盡有。提供上限1GB的免費無線上網。

↑幾乎每間客房都有陽台或平台
→除了泳池外還附設專屬的高爾夫球場

DATA
交舊市場車程10分
住Vithei Charles de Gaulle
電063-964600
金STUS$420～　238間

安縵薩拉度假村
Amansara

在令人憧憬的安縵度假村體驗王室貴族般的氣氛

為安縵度假村旗下的超高級飯店，僅提供24間套房房型。改裝自曾作為王室迎賓館的建築，在洗鍊摩登的氛圍中又隱約能感受到高棉文化的元素。住宿費已內含餐廳用餐（早餐＋另一餐）及提供遺跡觀光導覽專屬司機的服務。附大泳池的12間Pool Suite房型也十分熱門。提供免費無線上網。

→嶄新風格的客房內均備有浴缸

↑也很推薦能在泳池畔享受療程的SPA（→P66）

DATA
交舊市場車程5分
住Angkor Wat Rd.　電063-760333
金STUS$1140～　24間

吳哥貝爾蒙德公寓
Belmond La Residence d'Angkor

洋溢著溫暖木質氣息的療癒系度假飯店

佇立於暹粒河畔幽靜環境中的五星級飯店。兩層樓建築的客房棟就圍繞在中庭的泳池旁，有泳池景觀房和暹粒河景房可以任選。室內擺設則是向製造、販售柬埔寨傳統工藝品的Artisans Angkor（→P62）訂製家具，品味獨到。還附設能吃到柬埔寨菜等各國佳餚的餐廳、高品質商品齊聚的選貨店，以及使用有機產品的SPA設施。腹地內皆提供免費無線上網。

↑充滿夢幻氛圍的泳池夜景

↑雙人床房型的數量比雙床房房型來得多
←游泳池就設在熱帶植物生長茂密的中庭

DATA
交舊市場步行10分　住Pansea Angkor River Rd.　電063-963390
金STUS$395～　62間

E 有諳英語的員工　有餐廳　SHOP 有商店　有泳池　有健身房

中、高級飯店

設有廣大庭園的飯店、傳統高棉樣式或小巧可愛的精品飯店等，有許多極具特色的飯店。即使是中級飯店設施也相當完善，絕對能度過令人滿意的下榻時光。

博瑞吳哥度假村
Borei Angkor Resort & Spa
國道6號東側　MAP 別冊P4B3

安靜又舒適的SPA度假村最適合想在飯店悠閒享受的人

位於稍微遠離熱鬧街區的高級度假村，四周環境靜謐清幽。設備也很充實，是一家物超所值的飯店選擇。綠意盎然的中庭、游泳池、融合傳統樣式的建築等，營造出濃厚的旅遊度假氣氛。住宿期間還可利用附設的「Mudita Spa」，備有各種傳統高棉樣式的正統療程，能讓身心充分得到療癒。提供免費無線上網。

↑擺設著傳統手工藝家具的客房
➡也可以在泳池畔優雅地用餐

DATA
交舊市場車程10分
住369 National Rd. 6　電063-964406
金⑤①US$155～　188間

吳哥溫泉度假村
Angkor Village Botanical Resort & Spa
暹粒北部　MAP 別冊P2B3

出自法籍建築師之手的高棉樣式度假村

在洋溢著南國綠意、廣達3000㎡的腹地內，有整排高棉樣式的別墅小屋。一旁還有游泳池蜿蜒環繞，增添不少度假的氛圍。全客房均為別墅小屋，皆備有能眺望綠景的陽台。附頂篷的床鋪、高棉絲綢的織物擺飾、寬敞的衛浴空間等，設計極具質感。提供免費無線上網。

➡讓人期待上一整天的愜意氛圍，還附設有僅供房客利用的SPA

↑客房有雙床房型和雙人房型各40間

DATA
交舊市場車程8分
住Phum Trang　電063-963561
金⑤US$179～①US$189～　80間

吳哥塔拉飯店
Tara Angkor
暹粒北部　MAP 別冊P4B2

時尚風格的人氣精品飯店

白牆外觀的飯店就佇立在市區前往吳哥遺跡的途中。結合高棉樣式的當代建築風格，散發出優雅的氣息。沉穩格調的客房內備有最新的設備，令人欣喜。餐廳「Tong Tara」不僅能吃到柬埔寨菜、泰國菜和西式料理，供應自家烘焙麵包等美食的自助式早餐US$12也廣受好評。提供免費無線上網。

↑豪華雙床房，也會提供迎賓水果
➡彷彿漂浮在宇宙中的游泳池

DATA
交舊市場車程10分　住Vithei Charles de Gaulle　電063-966661～2
金⑤①US$140～　199間

王子吳哥Spa飯店
Prince d'Angkor Hotel & Spa
西瓦塔大道周邊　MAP 別冊P6B3

交通方便地理位置絕佳

很受歡迎的高級飯店，以木質調為主的客房氣氛沉穩。以便捷的地理位置為優勢，附近還有餐廳和Lucky Mall（→P64），逛街出遊皆輕鬆。提供免費無線上網。

DATA
交舊市場步行15分
住Sivatha Blvd.　電063-963333
金⑤US$120～①US$220～　195間

吳哥城飯店
City Angkor Hotel
國道6號西側　MAP 別冊P2A3

廣受觀光客青睞

暹粒當地的歷史悠久飯店。歷經增建、改建的舒適客房空間寬敞明亮，風格簡單樸實但住起來很舒服。還可至腹地內的庭園悠閒漫步。提供免費無線上網。

DATA
交舊市場車程15分
住National Rd. 6　電063-760336
金⑤US$70～①US$80～　150間

小型飯店、民宿等低價位的住宿設施雖然能節省住宿費的開支，但得考量到安全性與衛生方面的問題。

飯店

西瓦塔大道周邊　 MAP 別冊P6B4

森塔瑪尼吳哥飯店
Shinta Mani Angkor

以世界遺產為意象的摩登設計

以吳哥窟為主題、選用單色系為主調的摩登＆時尚室內擺設，令人眼睛為之一亮。鄰近西瓦塔大道徒步可達，無論觀光還是購物都很方便。除了在寬敞的客房設置內庭外，飯店還有SPA、餐廳「Kroya」等其他充實設施。可以在Kroya內如盪鞦韆般的搖椅座位上，開心享用傳統的高棉佳餚。

↑客房有提供免費無線上網
→擁有暹粒當地少見的摩登設計

DATA 🇪 🏨 🏊 💪
🚗舊市場車程5分
🏠Junction of Oum Khun and 14th St. 📞063-964123
💰ⓈⓉUS$325～　39間

國道6號西側　 MAP 別冊P6A1

吳哥天堂飯店
Angkor Paradise Hotel

地處市中心的四星級飯店

提供有線電視、浴缸與淋浴間各自獨立的客房，為機能性與舒適感兼具的空間。飯店內還有餐廳、游泳池和健身房。客房內可使用免費無線上網。

DATA 🇪 🏨 🛒 🏊 💪
🚗舊市場車程5分
🏠National Rd. 6 📞063-760690
💰ⓈUS$80～ⓉUS$85～　169間

舊市場周邊　 MAP 別冊P5B2

斯特烏恩暹粒飯店
Steung Siemreap Hotel

到鬧區只要步行1分！法式的時尚飯店

座落於暹粒河畔交通便利地段的現代風格飯店。充滿木質溫暖的室內設計，散發出優雅沉穩的氣息。採雙重窗的設計，因此雖身處熱鬧大街上卻能享受寧靜的時光。餐廳、泳池等設施也很齊全，相當物超所值。舊市場和酒吧街都在徒步範圍內，購物、散步、用餐皆方便。提供免費無線上網。

→裝潢設計很有柬埔寨特色的客房

↑外觀可愛的殖民地建築

DATA 🇪 🏨 🛒 🏊
🚗舊市場步行1分
🏠St.9, Khum Svay Dangkum 📞063-965167
💰ⓈUS$70～ⓉUS$90～　76間

國道6號西側　 MAP 別冊P2A3

瑞飯店
Ree Hotel

沉穩質感的高棉家具

以粉色調的外牆搭配傳統的木材家具，營造出復古沉靜的氛圍。還可在泳池畔享受輕鬆愜意的時光。搭嘟嘟車到舊市場約US$3左右。

DATA 🇪 🏨 🏊 💪
🚗舊市場車程15分
🏠National Rd.6 📞063-766888
💰ⓈⓉUS$188～　141間

國道6號西側　 MAP 別冊P4A2

克瑪拉昂科溫泉酒店
Khemara Angkor

遠離喧囂的舒適度假環境

雖然離市區較遠，但很適合追求設備與高CP值的人。傳統風格的客房，均以木地板與大量木質元素為主調。飯店內也設有SPA。

DATA 🇪 🏨 🏊 💪
🚗舊市場車程10分
🏠National Rd. 6 📞063-760555
💰ⓈⓉUS$100～　130間

國道6號西側　 MAP 別冊P4A2

吳哥酒店
Angkor Hotel

在完善設施中享受悠閒假期

佇立於國道6號上的飯店。提供餐廳、酒吧、泳池、泰式按摩等設施，能度過舒適愜意的時光。前往飯店的通道，看起來猶如吳哥遺跡的參道般。客房有提供免費無線上網。

DATA 🇪 🏨 🛒 🏊
🚗舊市場車程5分
🏠National Rd. 6 📞063-964301
💰ⓈUS$100～ⓉUS$125～　193間

西瓦塔大道周邊　 MAP 別冊P6A3

吳哥薩瑪德維Spa度假酒店
Somadevi Angkor Hotel & Spa

所有客房皆附浴缸

離舊市場周邊僅咫尺之遙，附近還有購物中心、網咖、人氣餐廳等十分方便。客房的設計走簡約風格，但極具清潔感。提供免費無線上網。

DATA 🇪 🏨 🛒 🏊 💪
🚗舊市場步行10分
🏠Sivatha Blvd 📞063-967666
💰ⓈUS$100～ⓉUS$120～　170間

🇪 有諳英語的員工　🏨 有餐廳　🛒 有商店　🏊 有泳池　💪 有健身房

Ho Chi Minh

胡志明

健康美食、
殖民地建築以及雜貨&流行服飾，
胡志明市擁有各種旅遊的要素。
以下就為大家彙整出
其中最值得推薦的店家與景點。

Contents

胡志明 區域 *Navi*

出發前Check!

主要景點與購物熱點多集中在同起街、巴士德街等徒步圈內。若要前往堤岸、第二郡之類稍微遠離市中心的區域，則建議搭乘計程車。

① *Dong Khoi* MAP 別冊P14、15
同起街

雜貨屋、精品店、大型飯店林立的觀光大街，市民劇場（→P90）、聖母大教堂（→P91）、胡志明市人民委員會大廳（→P91）等殖民地建築的景點也多聚集於此。

ACCESS>>>市民劇場步行1～15分

② *Pasteur & Ton That Thiep* MAP 別冊P14、15
巴士德街&Tôn Thất Thiệp街

巴士德街上有許多品味出眾的精品店，個性店家集中的Tôn Thất Thiệp街就緊鄰在旁。

ACCESS>>>市民劇場步行5～10分

③ *Cho Ben Thanh* MAP 別冊P13C3
濱城市場

以擠滿了2000多間店鋪的濱城市場（→P95）為中心，另外還有充滿在地特色的餐館與商店。市場周邊約從19時以後就會變成攤販街。

ACCESS>>>市民劇場步行10分

④ *Pham Ngu Lao & De Tham* MAP 別冊P12B3
范五老街&提探街

低價飯店、旅行社集中的背包客街，也有許多針對歐美旅客的異國料理餐廳和咖啡廳。街上的酒吧傳出震耳的音樂，每到夜晚還會亮起燦爛奪目的霓虹燈飾。

ACCESS>>>市民劇場車程10分

旅遊季節

農曆春節期間大多數的商店、餐廳等設施都會公休，想要享受購物、美食樂趣的遊客最好避開這個時段。農曆的1月1日每年的日期皆不同，請事先確認。

主要節日

1月1日	…元旦
2月4日	…農曆除夕※
2月5～8日	…農曆春節
4月14日	…雄王忌日※
4月30日	…解放日
5月1日	…國際勞動節
9月2日	…國慶日

主要活動

5月19日	…胡志明冥誕紀念日
6月7日	…端午節※
8月15日	…中元節※
8月19日	…8月革命勝利紀念日
9月13日	…中秋節※

氣候與建議

胡志明市的氣溫全年幾乎一樣，但要注意有雨季和乾季之分。

雨季 5～10月
隨身一定要攜帶雨衣或雨傘。氣溫不會下降，基本上穿短袖即可，但濕度較高所以請選擇透氣性佳的衣物。有時雨季甚至會延長至11月左右。

乾季 11～4月
11月以後降水量慢慢減少，開始邁入乾季。為旅遊的最佳季節，全天都適合安排遊逛行程。由於日照強烈，請別忘了戴帽子、擦防曬乳等防護措施。

胡志明市
Profile

河內

●正式國名／都市名
越南社會主義共和國
胡志明市

●人口／面積
約830萬 (2016年)
約2061km²

●語言
越南語、少數民族語

●貨幣與匯率
1萬VND＝約13元
(2019年6月)
關於貨幣種類→P117

●時差　－1小時
※胡志明市比台灣慢1小時，無實施夏令時間制。

●小費　基本上不需支付
若覺得服務良好也可給些小費表達心意。飯店的行李員和房務員約以2萬VND為基準，休閒按摩的話一般會給5～10萬VND。

●最佳旅遊季節
11～4月
此期間為雨量偏少的乾季，氣溫雖然較高但濕度低，所以感覺很舒適。

●入境條件
需要辦理簽證，依單月單次、多次等條件，最多可停留三個月。
關於護照與簽證的詳細資訊→P114

5 *Cho Lon* MAP 別冊 P10B4
堤岸

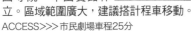

自18世紀後半期以來聚集大量華僑的中華街。以平西市場為中心，中國寺院、中國餐館林立。區域範圍廣大，建議搭計程車移動。
ACCESS>>> 市民劇場車程25分

6 *Quan 1 & 3* MAP 別冊 P12、13
第一郡北部&第三郡
同起街的北側以及鄰接統一宮的騷壇公園西側一帶，有些內行人才知道的餐廳和咖啡廳。
ACCESS>>>
市民劇場車程5～10分

7 *Quan 2* MAP 別冊 P13
第二郡
位於西貢河的對岸。是許多當地歐美人士居住的高級住宅區，且陸續有新開張的時尚餐廳和商店。
ACCESS>>>
市民劇場車程20分

郊區景點
美拖 *My Tho*

位於胡志明市西南方約70km處的漁港，也是造訪湄公河三角洲各村落的湄公河遊船之旅的據點。自行前往的難度較高，建議參加當日往返的旅遊行程。

平均氣溫與降水量

	1 January	2 February	3 March	4 April	5 May	6 June	7 July	8 August	9 September	10 October	11 November	12 December
胡志明市 平均氣溫℃	28.7	28.3	28.8	30.8	30.9	28.9	28.7	28.7	28.4	27.7	28.7	27.4
台北 平均氣溫℃	16.1	16.5	18.5	21.9	25.2	27.7	29.6	29.2	27.4	24.5	21.5	17.9
降水量mm 胡志明市	29.3	0	0	0	162.1	195.9	191.4	427.1	500.4	491.7	181.2	128.6
降水量mm 台北	83.2	170.3	180.4	177.8	234.5	325.9	245.1	322.1	360.5	148.9	83.1	73.3

市區的遊逛方式與市內交通

彷彿洪水般的摩托車車潮

遊逛方式的重點

由19郡5縣所組成的胡志明市

胡志明市分成一～十二郡及平新郡、新平郡等總共24個行政區，同起街附近的第一郡是觀光的中心地。由於公共交通工具不甚發達，移動時以步行和計程車為主。

請留意摩托車與自行車

當地車流量多、行車禮儀也稱不上良好，因此不僅橫越街道就連走在人行道上也得十分小心。市中心的主要路口都設有身穿綠色制服的觀光客導覽員，可提供遊客穿越馬路的服務。

觀光客導覽員

掌握門牌號碼與街道名就OK

行前先查詢好目的地的門牌號碼、街道名與所屬郡區。街道名可從交叉路口的藍底白字標誌確認；街道兩側的門牌各為奇數和偶數，並按數字大小依序編號。若出現如「12/34」般中間以斜線區隔的門牌號碼，即代表在12號位置的巷弄內的34號。

門牌大多掛在店前方的壁面上

慢性的交通阻塞

每到傍晚的16～17時左右，就會開始出現慢性的交通阻塞。得比平時多花兩倍的時間，因此請預留充裕的彈性時間。若遇國際足球賽事之類的活動，市內交通更是幾乎陷入癱瘓。

主要交通工具

交通工具	費用	運行時間	建議避開的時段
計程車	採跳表制。500m以內的基本車資約1萬1000VND，之後每1km收費4500VND	24小時	8～9時、16～18時的交通尖峰時段
路線巴士	5000VND～。市內的移動基本上不會超過5000～6000VND	4～21時，視路線而異。首班車大部分路線都在5時左右，末班車約在19時	8～9時、16～18時的交通尖峰時段
摩托計程車	採議價制。市內的移動約落在4～6萬VND	6～21時左右。人流較多的時段比較容易招到車	8～9時、16～18時的交通尖峰時段。下雨時或雨剛下過最容易發生打滑事故，請多留意
三輪車	採議價制。市內的話約6～8萬VND，有時也會以US$交涉	8～20時左右。人流較多的時段比較容易招到車	8～9時、16～18時的交通尖峰時段。車流量大，廢氣汙染也很嚴重

計程車 Taxi

為往返機場和市區內移動時最常利用的交通工具。白色、綠色等車體顏色則代表不同的公司，費用採跳表制。除了在街上隨招隨停外，也有許多計程車會停在飯店、購物中心、觀光地前候客。

仿冒正規計程車的案例也很常見，最好打電話確認真假

●試試看搭計程車

1 舉手攔下空車

車門皆為手動式，請自行開關。雖然近年來能以英語溝通的司機已逐漸增加，但還是將寫上目的地地址的紙條遞給司機看會比較保險。

由於多數計程車都沒有顯示空車的標誌，因此在街上攔車時只能以目視確認有無乘客再舉手示意。有些觀光地還設有計程車公司的派車人員。

2 上車

3 確認跳表機

支付跳表機上顯示的金額。數字以1000為單位，若跳出「17」或「17.0」就代表是1萬7000VND。不需給小費，往返機場的話則必須加算機場使用費1萬VND。

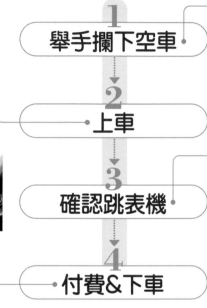

車輛起步後，請確認跳表機有無啟動。為了在發生遺忘物品或收費糾紛時能立即鎖定車輛，最好先將貼在前擋玻璃上方的車身號碼記下來比較保險。

4 付費&下車

●評價優良的計程車

能夠安心搭乘的計程車公司有以下3間，分辨的方式為車體顏色和電話號碼。

Vinasun Taxi
📞028-38272727
以白色車體加上綠紅線條為標誌，印上同樣名稱的單一白色車體為冒牌車。

Mai Linh Taxi
📞028-38383838
服務範圍遍及全越南的大型計程車公司，綠色的車體從遠處就能輕易辨識。

Vina Taxi
📞028-38111111
鮮豔的黃色車體十分醒目，數量較少且以稍微偏舊的車款居多。

●便於觀光的1號巴士

車身為藍色，連結西貢河畔的迷靈廣場周邊以及第五郡的堤岸·巴士轉運站。前往同起街、濱城市場、提探街、堤岸時很方便。

●小心糾紛

摩托計程車 Xe Ôm
發生事故、消費糾紛的案例很多。藍色制服的司機是摩托計程車公會的成員，相對上較為安全，但還是盡量避免搭乘。

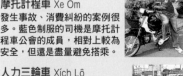

人力三輪車 Xích Lô
消費糾紛層出不窮，上車前請務必先交涉好價格。人力三輪車禁止進入市中心。

到胡志明必訪的
同起街購物去

除了殖民地建築錯落其間外，同起街上還有多到數不清的雜貨屋和服飾店。
以下精選出幾家吸睛度超高的店家，若來到這兒一定要順道來逛逛。

雜貨篇

泰迪熊35萬
2000VND
（小尺寸）~

A nagu

MAP 別冊 P14B3

讓人一看就愛上的
可愛泰迪熊

施以刺繡裝飾的衣服、包包、時
尚風格的小物等商品羅列，皆出
自日籍設計師之手。其中最推薦
的是繡上「Saigon」字樣的泰
迪熊。

附飾邊的杯墊1片
6萬6000VND

DATA E
🚇市民劇場步行即到
🏠155 Đồng Khởi
📞028-38234001 🕐8 時 30
分～21時30分 休無

店家就在市民廣場前方

B AUTHENTIQUE home

MAP 別冊 P15C3

原創設計的
陶器和雜貨

在胡志明市當地工廠製造的原創
設計陶器是該店的自豪作品，繪
有以自然為主題的細緻紋樣很引
人目光。另外還有高品質的抱枕
套等刺繡製品與木製家具。

調味料瓶15萬VND～

DATA E
🚇市民劇場步行3分 🏠71/1 Mạc Thị
Bưởi 📞028-38238811 🕐9 ～ 21時
休無

包包137萬VND

原創陶器的種類豐富，
從調羹到小茶壺都有

C Catherine Denoual Maison

MAP 別冊 P14B1

飄散著法式芳香的
亞麻製品

由曾擔任流行雜誌編輯
的老闆負責商品的設
計。除了結合亞麻質感
與單點圖案刺繡的雅緻
抱枕套、收納包之類的
小物外，也有販售香氛
製品。

呈現出法籍老闆Catherine獨到
品味的店

籐籃106
萬VND～

DATA E
🚇市民劇場步行4分
🏠74B Hai Bà Trưng 📞028-
38239394 🕐9 ～ 21時 休無

附單點圖
案的蜻蜓
刺繡餐巾
19萬VND
~

D Mystere

MAP 別冊 P15C3

少數民族手工製作的
民族風商品

由老闆親自造訪越南各地少數民
族所收集而來的雜貨。商品來自
苗族、占族等10個不同民族，
擁有獨特色彩感覺與品味的雜貨
相當值得一看。

裹身裙218萬5000VND

DATA E
🚇市民劇場步行2分
🏠141 Đồng Khởi
📞028-38239615
🕐8時30分～ 21時30分
休無

同條街的42
號另有分店

手環101萬
2000VND

E em em

MAP 別冊 P15C3

越南特色的
伴手禮應有盡有

店內陳列著刺繡製品、
缽場陶瓷、水牛角餐具
等越南經典伴手禮。也
有許多出自日本設計師
的原創商品，一定能找
到中意的優質好物。

水牛角材質的沙
拉叉匙組54萬
6000VND

航空信封造型的收納袋18萬9000VND

DATA

🚇市民劇場步行3分
🏠81 Đồng Khởi 📞028-
38273240 🕐8時～2時30分
🈺無

想買熱門伴手禮
就先來這兒吧

F KITO

MAP 別冊 P15C3

以可愛&流行
為商品的主題

從天然素材的可愛包包到
餐具、流行雜貨，以及各
種融化少女心的商品一字
排開。皆由店主以獨到的
眼光收集而來，每一樣都
很適合當作自用的伴手
禮。

包包50萬VND～

DATA

🚇市民劇場步行5分
🏠1F, 78A Đồng Khởi
📞028-38296855 🕐9 ～ 22時
🈺無

天然素材包是推薦首選

G Unique

MAP 別冊 P15C4

擺滿著粉紅等色彩鮮明的
手作皮革小物

自家工廠生產的優質皮革商品種類豐富。有許多如水
藍色、橘色之類充滿南國特色的可愛色系，實用性也
很強。價格平實，男用女用皮革製品皆有售。

DATA

🚇市民劇場步行6分
🏠49 Đồng Khởi
📞028-38223293 🕐8時30
分～22時
🈺無

方便實用的皮夾
9萬VND～

軟質牛皮鞋等75萬4800VND～

絲綢、棉質
圍巾10萬
VND～

H butterfly

MAP 別冊 P15D4

一次買齊
所有越南雜貨

從刺繡小物到民族雜貨、
包包、涼鞋都有，瀰漫著
五花八門的亞洲特有氛
圍。2樓也有賣茶葉、咖
啡之類的食品且提供試喝
服務，選購伴手禮前可確
認一下。

附手工彩
色刺繡的
長夾8萬
8800VND

越南特色
的蓮花圖
案絲綢
包57萬
7200VND

DATA

🚇市民劇場步行6分 🏠53
Đồng Khởi 📞028-62990988
🕐8時～21時 🈺無

橘色的顯眼外觀很
容易辨識

流行服飾篇

Ⓐ Magonn
MAP 別冊 P15C2

能穿出女人味的
大人風格服飾

從經典洋裝到上班穿也適合的漂亮上衣都有，以沉穩的配色與方便平日穿搭廣受歡迎，讓女性傾心的打褶或絲帶等細部裝飾也極具品味。

DATA ⒺЕ
🚇市民劇場步行5分 🏠41 Hai Bà Trưng 📞028-38220649
🕐9時～22時 休無

胡志明市內有3家店鋪

洋裝80萬VND～

Ⓑ Lam
MAP 別冊 P15C4

款式十分討人喜歡♪

以舒適度與百搭為主題的精品店，作品出自越南當地設計師之手。也有販售復古服飾，店內的大多數商品皆為不會過於花俏的甜美混搭風格。

以海外進口的高級布料製成的洋裝490萬VND～

DATA ⒺЕ
🚇市民劇場步行3分 🏠98 Mạc Thi Bưởi 📞028-39390425 🕐9 ～ 21時
休無

蕾絲刺繡品味出眾的洋裝390萬VND～

充滿東方氛圍的涼鞋13萬VND～

以刺繡與串珠妝點的布包11萬VND～

同起街上的人氣店

Ⓒ Tombo
MAP 別冊 P15C3

閃耀動人
的串珠世界

若想尋找有亮麗串珠裝飾的鞋子、包包等製品，來這家店就對了。從設計和顏色種類豐富的原創商品中，一定能找到自己中意的款式。

DATA ⒺЕ
🚇市民劇場步行1分 🏠145 Đồng Khởi 📞028-38275973
🕐8時30分～ 21時30分 休無

Ⓓ LIBE
MAP 別冊 P14A1

當地的
人氣年輕品牌

隱身在老公寓內的熱門店家,吸引許多越南女孩與長住當地的外國人登門造訪。擁有恰到好處的休閒感與舒適度的簡單款式服飾,回國後馬上就能搭配穿出門。

DATA
交市民劇場步行4分 住1F 26 Lý Tự Trọng ☎028-38231989 時9時30分～21時30分 休無

上衣32萬VND、短褲32萬VND～

裝潢也很時尚有型

Ⓔ Ninh Khương
MAP 別冊 P15C4

販售刺繡與兒童服

以0～14歲的兒童服為主要商品的刺繡專賣店。除了單點圖案刺繡裝飾的可愛童裝外,還有收納袋、餐具之類吸引大人目光的品項。

DATA
交市民劇場步行4分 住71B Đồng Khởi ☎028-38279079 時8時30分～21時30分 休無

已防水加工處理的束口袋
11萬9000VND

兒童服以小女孩
的洋裝為主

Ⓕ Mangrove
MAP 別冊 P15C3

符合日本潮流的
訂製服裝

由每年數次造訪日本舉辦頒布會的老闆所經營的裁縫店。掌握日本最新流行元素的設計與提供細部調整的訂製服務,也累積了不少忠實的顧客。平實的價格也是人氣的秘訣之一。

DATA
交市民劇場步行5分 住40 Mạc Thị Bưởi ☎028-38243465 時9時～19時 休無

洋裝79萬VND～

除了選用店內豐富的布料外,也可以自行攜帶

Ⓖ T&H Silk Zakka
MAP 別冊 P15C3

在傳統設計中注入新意

以長衫設計中加入時尚元素的越南絲綢洋裝為招牌的裁縫店。除了能當上班服裝的亞麻材質上衣外,也提供訂製長衫的服務,約需1個工作天可完成。

DATA
交市民劇場步行3分 住17 Nguyễn Thiệp ☎090-8213405 時8時30分～22時30分 休無

亞麻材質的
上衣90萬VND

也有許多適合上班穿搭的正式款式

挑戰訂製服裝

由於製作完成需1～2天,建議抵達當日就先來訂製。到店領取是絕對的原則,一定要當場試穿看看,若有刺繡脫線、微調尺寸等問題都能立即修改。

①決定設計樣式

可從店內的樣本中挑選,或是將雜誌上看到的款式照片帶來也OK(可能需另外收費)。

②挑選布料

邊聽店員介紹布料的特徵,邊挑選出訂製服的材質。將布料放在身上比劃一下,會比較容易抓住整體的感覺。

③決定細節的部份

接著是決定鈕扣、絲帶、刺繡等細節。還可以選用同樣的布料製成包包,或是將其中一部分替換成別的布料。

④丈量尺寸、支付費用

丈量全身約15個部位的尺寸數據。付費後索取發票和收據,並確認完成日期。依約定日期前往店家領取完成品。

到超市採買分送用
伴手禮

旅途的最後一站，當然非選購伴手禮莫屬。輕鬆就能將越南風味搬回家的速食品、當擺飾也很吸睛的咖啡滴滴壺等，超市簡直就是採買伴手禮的最佳首選。

調味料&速食品

高湯粉
4300VND
用於河粉的雞高湯，放入熱水中溶解即可／C

速食河粉
各 5300VND
除了基本款的雞肉、牛肉風味外還有蛤蠣等特殊口味，也能買到杯麵／A

米紙
1 萬 2600VND～
依厚薄、大小等種類豐富，是製作生春捲時不可或缺的材料／A

越南煎餅粉
1 萬 2800VND
只需加水或椰奶溶解，再放些豆芽菜之類的配料一起煎熟／B

萊姆胡椒鹽
7300VND
將在餐廳吃海鮮時必備的調味料帶回家／A

魚露
1 萬 5500VND
越南菜中一定會用到的調味料，內含大蒜、辣椒／A

點心&飲料

椰子糖
1 萬 9500VND～
添加砂糖與牛奶製成的糖果，一入口就能感受到濃郁的風味／B

蓮花茶
2 萬 8000VND～
帶有蓮花香氣的綠茶，具利尿及整腸的效果／A

蓮子乾
8 萬 3000VND
吃起來口感酥脆的蓮子乾，砂糖口味也很推薦／C

越南咖啡
5 萬 2500VND
依廠商、重量有各式商品陳列，也能買到搭配滴滴壺的套組／A

購買政治宣傳商品當成自己的伴手禮吧？

政治宣傳即政府當局舉辦的宣傳活動，最具代表性的就是街頭上令人印象深刻的顯眼海報。當地有許多此為主題的設計商品，不妨買個回家做紀念吧。

馬克杯
12萬VND

彩色杯墊
8萬VND（6片套組）

特色鑰匙圈
各4萬VND

★Tôn Thất Thiệp街
Saigon Kitsch ☞P98

日用品

棉布口罩
各1萬9000VND～
胡志明街上常見的特有風景，內裡為網狀設計戴起來很舒服／A

越南咖啡滴滴壺
2萬VND～
也能當成擺飾品的便宜可愛滴滴壺／A

便當盒
8萬8000VND～
越南當地經常能看到的鋁製雙層便當盒，相當實用／B

刺繡束口袋
各3萬1000VND～
拿來放內衣等物品十分方便的束口袋。與市場販賣的商品並無兩樣，但這裡可省下議價的過程／A

這裡買得到！

A 同起街周邊

Satra Mart
MAP 別冊P15C4

重新開張的老字號超市
超市原本設在國營的「TAX百貨」內，搬遷至現址後重新開幕。咖啡、調味料之類的越南伴手禮品項應有盡有，回國前記得來逛逛。

DATA
市民劇場步行5分 2F Lucky Plaza, 38 Nguyễn Huệ & 69 Đồng Khởi 028-39144910 9～22時 休無

B 第三郡

Co-op Mart
MAP 別冊P12B1

社區型的大型超市
為當地居民平常會利用的超市，能一窺民眾的生活面貌。寬敞的店內從生鮮到日用雜貨、可作為伴手禮的食品都一應俱全，相當值得一逛。

DATA
市民劇場車程8分 168 Nguyễn Đình Chiểu, Q.3 028-39301384 8～22時 休無

C 同起街周邊

Citimart
MAP 別冊P14B2

也會舉辦特惠活動的大型超市
會配合農曆新年等季節舉辦折扣拍賣，是廣受當地人喜愛的連鎖超市。胡志明市22家店鋪中又以這家的商品種類最為豐富，是採買伴手禮的第一首選。

DATA
市民劇場步行1分 4F Parkson 35Bis-45 Lê Thánh Tôn 028-38238375 9時30分～22時 休無

絕不可錯過！
越南美食 *Best* 5

以下是在有限時間內非吃不可的知名料理一覽。
若時間有餘裕的話，不妨到平民餐館
（Com Binh Dan）與當地人一起大啖越南菜吧。

BBQ 越式三明治
Bánh Mì BBQ

2萬5000VND／C

以外皮酥脆、裡面鬆軟的特製長
棍麵包做成的三明治，搭配烤豬
肉片與醋漬蘿蔔絲的內餡極為美
味。

+α 有許多店家一大早就開始營
業，很適合當簡便的早餐享
用。選擇火腿、肉排、香菜等配料時，
大多數店家皆可直接用手指點選。

越南煎餅
Bánh Xèo Giá Sắn Đậu Xanh Tôm Thịt

8萬VND／D

米穀粉加椰奶做成麵糊，將兩面
煎至酥脆的越南版御好燒。內餡
有鮮蝦等海鮮與豬肉、豆芽菜。

+α 用菜葉包起
來後沾些醬
料享用，焦香餅皮與
酸味醬汁的組合好吃
得讓人回味無窮。

牛肉河粉
Phở Bò

7萬VND／A

將米麵條放入牛骨或雞
骨熬煮出的清澄高湯，
為越南的國民美食。麵
條不具彈性，口感軟
嫩。

+α 河粉是源自於河內的麵
料理。如今全國各地都
吃得到，南越的口味特色是偏甜、
蔬菜等配料的分量也較多。

這裡吃得到！

A 第三郡

Phở Hòa

MAP 別冊 P12B1

絕不外流的秘傳湯頭
秘傳的清澄湯頭是以牛骨熬煮6
小時而成。能享受購自簽約農
家的軟嫩牛肉、清爽卻富層次
的湯頭等，將牛肉鮮味整個濃
縮在一碗的極致饗宴。

DATA
🚇市民劇場車程13分 🏠260C Pasteur 📞028-38297943
🕐5～23時30分 🈺無
好味道已傳承三代的河粉專賣店

B 同起街周邊

SH Garden

MAP 別冊 P14B3

在大樓的最上層
大快朵頤越南菜
提供越南各地的傳統佳餚以及
充滿新意的越南創作料理，共
有近200道菜色。春捲的種類也
很多樣，除了生春捲外也吃吃
看炸春捲和蒸春捲吧。

DATA
🚇市民劇場步行3分 🏠Rooftop, 98
Nguyễn Huệ 📞028-66800188 🕐10
～23時 🈺無
靠窗座位請事先預約比較保險

絕不可錯過！越南美食 Best5

人氣菜魚在這兒

蝦粿
Bánh Bèo

8萬8000VND ／ E

米漿蒸熟後鋪上豬皮與蝦鬆的代表性宮廷料理，擁有細膩彈潤的口感。

+α 誕生於越南最後一個朝代──阮氏王朝（1802～1945年）首都順化的宮廷料理，以適量的辣椒呈現出高雅的風味。

生春捲
Gỏi Cuốn Tôm Thịt

20萬5000VND ／ B

將鮮蝦、豬肉、萵苣等蔬菜包入米紙做成春捲，吃的時候沾些魚露或花生醬。

+α 以前是當作點心來吃，如今則成了餐廳的熱門菜色。除了生春捲、炸春捲外還有蒸春捲。

便宜又分量十足的
平民餐館（Com Binh Dan）

平民餐館的店頭總是擺滿了整排的佳餚，剛煮好還冒著煙的熱湯、現炸海鮮等菜色看得讓人食指大動。基本上為白飯加自選配菜，通常會從湯品和料理中各選一道。

擺放菜餚的櫃檯

點餐＆結帳？ 點餐時用手指著櫃檯上的菜色就OK，白飯不需另外說會主動附上（1人6000VND左右）。用餐後直接在桌邊結帳，向店員比出寫字的手勢即可示意。

椰汁燉豬肉和雞蛋
Thịt Kho Trứng

4萬VND
口味帶甜，是相當下飯的配菜

蟹肉瓜湯
Canh Cua Mồng Tơi

1萬VND～
蟹肉的湯頭完全滲透到瓜肉內，味道鮮美

■ Tôn Thất Thiệp街

Đồng Nhân Cơm Bà Cả
MAP 別冊 P15C4

大排長龍的人氣店
隨時備有40多道菜餚，中午時段總是座無虛席的人氣店。配菜、湯品各一樣，加上白飯與每日變換的蔬菜4萬6000VND～。

DATA
市民劇場步行6分 11 Tôn Thất Thiệp 028-38255328 10～20時 無
建議提早或晚一點來吃午餐

■ 濱城市場周邊

Thanh Bình
MAP 別冊 P13C2

單人份餐點的菜色多樣
位於濱城市場的後面，開店已20餘年的熱門餐館。有炸雞飯6萬VND等盤餐料理，種類豐富。菜單上有附照片，無須擔心看不懂。

DATA
濱城市場步行1分 140 Lê Thành Tôn 028-38232412 7時～22時30分 無
也有販售可當伴手禮的零食點心

越南家常菜的首選推薦

值得在旅途中專程造訪的推薦店家

Hoàng Yến
MAP 別冊 P15D4

味道樸實，深受當地居民愛戴的家常菜餐廳。提供海鮮等食材的豐富菜色，每到週末更是一位難求。

DATA
市民劇場步行7分 7-9 Ngô Đức 028-38231101 10～22時 無
由前至後為空心菜炒蝦球14萬9000VND、芋頭湯13萬5000VND等

C 同起街周邊

Như Lan
MAP 別冊 P13C3

胡志明市熟食店的第一首選
長年來受到胡志明市民喜愛的老字號熟食店。能買到越式三明治內餡的火腿、醋漬蘿蔔絲等配菜，家常菜的口味吸引不少忠實顧客。河粉之類的麵類或飯類餐點也可以內用。

DATA
市民劇場步行10分 50-66-68 Hàm Nghi 028-38292970 4時～翌2時 無
攤車的後面設有桌椅座位區

D 富潤郡

Bánh Xèo Mười Xiê`m
MAP 別冊 P11C1

國家認證的絕品越南煎餅
以越南煎餅為自豪的招牌菜，食譜是由有「人民達人」之稱的Xiem女士所研發。越南煎餅的縮小版「圓煎餅」10萬VND也是必吃美食。

DATA
市民劇場車程16分 54A Nguyễn Văn Trỗi, Q. Phú Nhuận 028-38452057 10～22時 無
餐桌上繪有鄉村風景畫

E 同起街周邊

Nghi Xuân
MAP 別冊 P15C2

改良自宮廷食譜的美味逸品
由阮氏王朝重臣的後裔所開設的餐廳。能吃到以宮廷食譜為基礎的傳統佳餚與創意料理，尤其推薦午餐套餐（4道）19萬VND和晚餐套餐（6道）40萬VND。

DATA
市民劇場步行1分 5/9 Nguyễn Siêu 028-38230699 11～23時 無
改裝自古民家的店面，以紅色和黑色為基調

洋溢法式香氣的咖啡廳&必吃越南甜點

除了殖民地樣式的建築外，還有飄散著法式氛圍的咖啡廳。不妨邊欣賞優美的室內擺設邊享受奢侈的片刻時光，甜湯、果昔等越南風味的甜品也絕不可錯過♪

Cafe 咖啡廳

左／蘋果薄荷茶「SUNRISE」5萬VND
下／巨大時鐘的裝飾拍起來很上相

◉同起街周邊
Càfeâ RUNAM
MAP 別冊 P15C4

能品嘗各種口味的國產咖啡

能在古典洗鍊的空間裡享用以越南產高級豆沖泡的咖啡，從基本款的越南咖啡到椰奶拿鐵、雞蛋咖啡等越南特有口味應有盡有。

牛奶咖啡8萬5000VND

充滿高級感的店內

DATA
🚇市民劇場步行4分
🏠141 Mạc Thị Bưởi
📞028-38258883 🕐7時～23時 休無

◉同起街周邊
Loft
MAP 別冊 P14A1

餐點也很美味的時尚咖啡廳

柔和的陽光從窗邊大時鐘灑入營造出舒適的空間感，最適合享受悠閒的休憩時光。廣受好評的料理除了義大利麵之類的西餐外還有越南菜，午餐時段總吸引許多上班族來光顧。

油煎鮭魚19萬5000VND

DATA
🚇市民劇場步行4分 🏠1F, 26 Lý Tự Trọng 📞028-66825082 🕐7時～22時30分 休無

◉同起街周邊
L'usine
MAP 別冊 P14B3

杯子蛋糕為招牌人氣甜點

位於殖民地建築內的咖啡廳，並附設以生活方式提案為主題的商店。充滿歐洲風情的店內隨時備有10款可愛的美式杯子蛋糕，很值得一嘗。

裝飾著黑白照片的時尚店內

口感綿密的卡布奇諾7萬VND

巧克力海綿蛋糕上，擠上奶油起司的紅絲絨杯子蛋糕7萬VND

DATA
🚇市民劇場步行1分 🏠1F, 151/1 Đồng Khởi 📞028-66749565 🕐7時30分～22時30分 休無

◉第三郡
Hideaway Saigon
MAP 別冊 P12B1

隱身巷弄內的咖啡餐廳

改裝自法式別墅的現代風格咖啡餐廳。能在設有吧檯的1樓、美式餐廳氣氛的2樓及開放感十足的露天座皆各有特色的店內，享用融入亞洲創意元素的西式料理。

充滿時尚感與成熟大人氛圍的2樓空間

加了芒果的椰奶奶凍6萬VND

芒果果昔8萬5000VND

DATA
🚇市民劇場車程10分 🏠41/1 Phạm NgọcThạch Q.3 📞028-382242 22 🕐8～22時 休無

Sweets 甜點

覆盆子香蕉果昔
Raspberry, banana & yoghurt smoothie

6萬5000VND／C
內含優格的健康果昔，覆盆子的酸味十分爽口

甜湯◆*Che*

將煮熟的豆類、地瓜、果凍等配料放入杯內再淋上椰奶的簡單甜點，也有賣溫熱的甜湯。

綜合甜湯
Chè Thập Cẩm

1萬5000VND／A
綠豆、紅豆的鬆軟口感，與溫潤的椰奶及清爽的果凍相當對味

果昔◆*Sinh To*

以水果和蔬菜為基底加上碎冰、煉乳攪拌而成的果昔，也有的是加優格或豆漿。

柚子甜湯
Chè Bưởi

2萬VND／A
加了柚子白色厚皮的溫熱甜湯，獨特的口感讓人一吃就上癮

布丁◆*Banh Flan*

長時間蒸烤而成的口感紮實布丁，蛋味香濃很有古早味。有的店家會使用煉乳、鴨蛋製作。

冰淇淋◆*Kem*

使用芒果、百香果等大量南國水果製成的冰淇淋羅列，大多為牛奶比例較少的清爽口感。

椰子冰淇淋
Kem Trái Dừa

13萬VND／B
吃得到椰子爽口風味的人氣冰淇淋，配料為火龍果之類的南國水果

布丁
Bánh Flan

1萬8000VND／D
風味簡單的布丁只選用雞蛋、砂糖、牧場直送的新鮮牛乳為原料，以口感濃郁為特色

A 富潤郡

Cheø Bưởi Vónh Long
MAP 別冊P11C1

品嘗手作甜湯的
樸實滋味

從蒸煮豆子到果凍、椰奶皆出自純手工製作的甜湯專賣店，有選用特產地永隆省的柚子製成的甜湯及其他近20種口味。

DATA
市民劇場車程17分
414 Trường Sa, Q.Phú Nhuận　028-39374508
11～23時　休無

C 巴士德街周邊

Au Parc
MAP 別冊P13C2

自家製果昔和蛋糕
最為熱賣

由洋風建築改裝而成的咖啡廳，老闆為法國人。人氣商品是加了優格的果昔，另外還有烤雞等多樣餐點。

DATA
市民劇場步行8分
23 Hàn Thuyên　028-38292772
7時30分～23時　休無

B 巴士德街周邊

Kem Baïch Ñaèng
MAP 別冊P14B4

販售自製冰淇淋的
老字號冰店

30多年來廣受市民愛戴的冰淇淋名店，以香醇濃郁的椰子冰淇淋為招牌商品。

DATA
市民劇場步行7分
28 Lê Lợi　028-38292707
9～23時　休無

D 第一郡北部

Kim Thanh
MAP 別冊P13C1

以極鮮食材
製成的布丁

最推薦使用簽約農家每早送來的生乳所製作的布丁，口感醇厚的優格及瓶裝牛奶2萬5000VND也很受歡迎。

DATA
市民劇場車程5分
4 Lê Văn Huru　028-38293926
7時～16時30分(週六日為～14時)　休無

頂級 SPA&
輕鬆按摩
兩者都很推薦

胡志明市是SPA &按摩的天堂，以超乎想像的便宜價格即可享受各式療程。只需利用逛街購物後的些許空檔，就能順道體驗一下按摩的樂趣。

頂級 SPA
SPA

Dao Dua Coconut Monk-Body Exfoliation

（60分／170萬VND）
利用椰子和海鹽促進血液循環、提高新陳代謝的療程，去除角質能讓肌膚變得更光滑細膩

有陽光灑落的明亮療程室

● 同起街周邊

Xuan Spa

MAP 別冊 P15C2

五星級飯店內的高級 SPA

雖為一流飯店卻有30分鐘、60分鐘的簡易方案可供選擇，也備有選用有機精油、薑、椰子等天然素材進行的療程。

〒市民劇場即到　住H西貢凱悅公園飯店（→P102）3F
☎028-38241234　營9時～ 22時30分（最後入店21時30分）
休無　※15%服務稅另計

GhassoulDetox Wrap

（90分／115萬VND）
包含有機精油按摩、去角質、海泥裹敷等各式療程，並附迎賓飲料

● 第三郡

La Maison de L'Apothiquaire

MAP 別冊 P12A1

提供諮詢推薦最適合的方案

踏入優雅法式別墅的第一站即顧客諮詢，並依結果推薦適合的療程內容。蘊含摩洛哥海泥的身體裹敷很受歡迎。

DATA

〒市民劇場車程15分　住64A Trương Định Q.3
☎028-39325181　營9～21時（最後入店19時30分）
休無　※10%服務稅另計

舒適整潔的療程室以紫色和白色為基調

使用4種海鹽進行的身體去角質療程（30分／45萬VND）也很有人氣

造訪前先 CHECK!! SPA＆按摩的基本知識

SPA

預約◆名店因具高人氣，請事先預約再造訪。除了電話外，有些店家還提供網路預約的服務。

卸妝◆進行療程前必須卸妝。雖然店家也會提供卸妝用品，但最好還是自行攜帶。

小費◆由於會另外加收服務稅，所以沒有支付的必要。若覺得服務良好給點小費也無妨，可於櫃檯結帳時一起支付。

接送◆第一郡和第三郡等離市中心較遠的店家可能會有免費接送的服務，預約時記得確認一下。

按摩

小費◆有越來越多的店家會將小費直接包含在費用內，但有的店家還是必須另外支付。腳底按摩的小費約5萬VND，全身按摩的話約10萬VND。

指名◆若遇到技術嫻熟的治療師不妨記住對方的姓名和員工編號，下次再光顧時告知編號即可指名。

按摩 MASSAGE

Foot Massage

（90分／37萬5000VND）

經過90分鐘的按壓與刺激穴道可讓人神清氣爽

◉同起街周邊

Golden Lotus Traditional Foot Massage Club

MAP 別冊 P15C3

按摩後可享用一杯蓮花茶

每到週末或傍晚就得排隊等候的人氣店。備有60分鐘療程～等多種方案，既然都專程來了建議選擇附背部熱石按摩的90分鐘以上療程。

DATA
市民劇場步行6分 20 Hồ Huấn Nghiệp 028-38296400 10～23時（最後入店21時）休無

以世界遺產的會安古城為設計意象

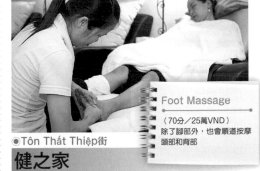

Foot Massage

（70分／25萬VND）

除了腳部外，也會順道按摩頭部和背部

◉Tôn Thất Thiệp街

健之家

Kien Chi Gia　　　MAP 別冊 P15C4

讓全身輕盈許多的港式腳底按摩

精準按壓穴道的功力，連居住當地的外國人也很多的港式腳底按摩名店。還會附贈頭部、背部簡易按摩的服務。店家就位於著名的購物街上，不妨抽點時間光顧一下吧。

DATA
市民劇場步行8分 44 Tôn Thất Thiệp 090-3316733 10時30分～24時（最後入店23時）休無

佇立於時尚店家林立的街區

這裡也要 CHECK!!

美甲沙龍

◉同起街周邊

Kawaii Nail

MAP 別冊 P15C4

試試越南指甲彩繪當作旅途紀念

由日本人經營的沙龍店。提供200多款豐富的設計樣式，但最推薦的是描繪越南煎餅和越南文之類能營造出遊氛圍的原創「旅遊美甲」。

Basic Care + Art Gel

（10指／57萬VND）

充滿越南特色的設計十分可愛，可選擇手指或腳趾彩繪

DATA
市民劇場步行5分
9F,42/92 Nguyễn Huệ
028-38211636 9時～19時
休無

位於古老公寓內

頭髮 SPA

◉同起街周邊

Glow Spa

MAP 別冊 P14B4

達到清爽＆滑順髮質的效果

最推薦的是依照個人髮質的4種頭髮SPA療程。不只頭髮也提供頭皮的按摩，可以享受片刻的舒暢感。也備有足部與指甲保養的方案。

Rice Protein Nourishing

（75分／83萬VND）

利用米蛋白修復乾燥受損的髮質

DATA
市民劇場步行5分 129A Nguyễn Huệ 028-38238368
11時～20時（最後入店19時）
休無

位於從大街轉進巷弄內的安靜環境

感受東方巴黎氣息的
殖民地建築之旅

曾歷經法國統治的胡志明市還留有許多殖民地建築。以同起街為中心有多個景點錯落其中，不妨一面漫步閒逛一面欣賞美麗的街景吧。

市民劇場

Nhà Hát Thành Phố Hồ Chí Minh

MAP 別冊 P15C2

同起街的
地標建築

1898年建造的巴洛克樣式傑作。1955～75年曾作為南越的國會大廈使用，現在是舉辦音樂會或舞台表演的劇場。雖然無法以觀光目的入內參觀，但1998年復原、裝飾在淺粉色外牆上的浮雕相當值得一看。

DATA‧‧‧‧‧‧‧‧‧‧‧‧‧‧‧‧‧
同起街與黎利街的交叉路口 Công Trường Lam Sơn 028-38299976 視活動而異

正面頂端有兩尊天使像，建於法蘭西第三共和國時代

已復原完成當初遠從法國運來的正面外牆浮雕

若持有音樂會或舞台表演的票券即可入內

西貢歐式飯店

Hotel Continental Saigon **MAP** 別冊 P14B2

曾有各國名人下榻的
老字號飯店

創業於1880年，為越南歷史最悠久的飯店。大廳、客房陽台的鑄鐵花飾等設計韻味十足號稱全市最美，凱撒琳‧丹尼芙主演的法國電影《印度支那》也曾在這裡取景。房客可以在綠意環繞的中庭露台享用早餐，沉浸在優雅的氛圍中。

DATA → P102

細緻的鑄鐵花飾與圓拱造型的法式窗框

曾於1930年代接待過多位各國名流

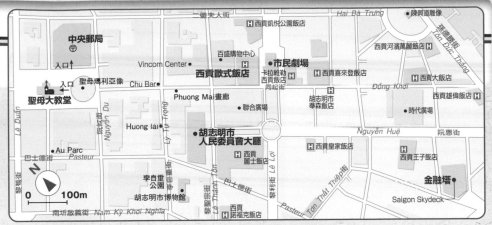

中央郵局
入口↑
Vincom Center
西貢歐式飯店
入口↑
聖母瑪利亞像
聖母大教堂
Chu Bar
Phuong Mai 畫廊
Huong lai
Au Parc
巴士德街 Pasteur
李自重公園
胡志明市博物館
南圻起義街 Nam Kỳ Khởi Nghĩa
Hai Bà Trưng
陳興道雕像
西貢凱悅公園飯店
百盛購物中心
市民劇場
卡拉維勒西貢飯店
同起街
聯合廣場
胡志明市人民委員會大廳
西貢麗士飯店
西貢河濱萬麗飯店
西貢喜來登飯店
西貢大飯店
Đồng Khởi
胡志明市奉森飯店
時代廣場
Nguyễn Huệ
西貢皇家飯店
西貢王子飯店
西貢雄偉飯店
金融塔
Saigon Skydeck
西貢諾福克飯店
Pasteur Tôn Thất Thiệp街
0 100m
N

正面的鐵門上有以植物為主題的精緻裝飾

胡志明市人民委員會大廳
UBND Thành Phố Hồ Chí Minh　MAP 別冊 P14A2

殘留舊西貢氛圍的建築傑作

建於1908年的法國帝政時期樣式建築物，為廣受歡迎的拍照景點。氣勢雄偉的的外觀是以當時盛行於法國的古羅馬建築為藍本，擁有左右對稱的設計及正面圓柱等建築樣式特徵。由於不開放入內因此只能欣賞外貌。

殖民地建築的特徵之一即紅棕色的馬薩式屋頂

DATA
🚇市民劇場步行5分
🏠86 Lê Thánh Tôn

建築物前禁止拍照，必須走到馬路對面才行

教堂前矗立著由義大利雕刻家製作的瑪利亞像

聖母大教堂
Nhà Thờ Đức Bà　MAP 別冊 P14A1

法國與越南融合共存的教堂

建於1880年的莊嚴天主堂，建築材料來自於法國等地，高約57m的雙塔、外牆的紅磚、彩繪玻璃等都十分吸睛。目前正進行修復工程所以無法入內參觀，預計2019年底或2020年6月完工。

為了讓室內散熱而設計的通氣口，並以幾何圖案營造出優雅的美感

能一窺古羅馬建築風格的圓柱頂端裝飾

DATA
🚇市民劇場步行8分
🏠1 Công Xã Paris 📞028-38294822 🕐8～11時、15～16時 休無 💰免費入場

中央郵局

Bưu Điện Trung Tâm Sài Gòn　**MAP** 別冊 P14A1

宛如置身在
歐洲的火車站

落成於1891年的現役郵局，出自法籍
建築師Villedieu之手。黃色的外觀饒富
韻味，內部的設計也十分出色。拱形天
花板的前方掛著胡志明的肖像，陽光透
過玻璃天窗灑落而下，木製長椅和電話
亭也很引人目光。

DATA
交市民劇場步行7分 住2 Công Xã Paris
電028-38221677 時7時30分～19時（週六
日為8～18時）休無 金免費入場

拱形鋼架的底
部有美麗的花
卉裝飾

有大穹頂之稱
的拱形天花板

黃色的外觀，打燈裝飾的美景
也很值得一看

拱形鋼架與玻璃天窗

別忘了伴手禮

入口附近就設有賣店，不妨
買張明信片或郵票當作紀念
吧。

明信片5000VND～與郵票套組
6萬VND（6張入）等

能清楚看到胡志明市人民委員會大廳

從胡志明市最高的觀景台
將殖民地建築一一盡收眼底

胡志明市人民委員
會大廳就在這裡

金融塔

Bitexco Financial Tower　**MAP** 別冊 P13C3

同起街的
地標建築

共68層樓、高達262m，是胡志明市最高
的辦公大樓。從49樓的觀景台「Saigon
Skydeck」能享受離地高度178m的眺望
視野，向北側望去還能欣賞到同起街附
近的殖民地建築。觀景台樓層也有販售
原創的周邊商品，記得來找找有沒有適
合的伴手禮吧。

DATA
交市民劇場步行15分 住36 Hồ Tùng Mậu
電028-39156156 時9時30分 ～ 21時30分
（※售票至閉館前45分鐘）休無 金(Saigon
Skydeck) 20萬VND

設有免費望遠鏡的
觀景台

除了馬克杯19萬
VND外，T恤39萬
VND也很有人氣

入口位於胡松茂街那一側，售
票處在1樓

以蓮花的花苞為設計靈感

其他還有好多景點！

✤ 胡志明市 ✤

依類別區分
推薦景點

接下來將依類別區分導覽
在P92前的特集中介紹不完的推薦景點。
已經決定好旅遊目的的人，
不妨就從這裡尋找自己想逛的地方吧！

Contents

✤ Sightseeing

觀光景點

同起街周邊有許多法國統治時代
留下的殖民地建築景點，
也很推薦前往郊區的美拖
體驗湄公河三角洲的風光♪

特集也要 Check!
同起街…P78
殖民地建築之旅…P90

Advice

●拍照
胡志明市人民委員會大廳（→P91）的建築周邊禁止拍照，但可以越過馬路從對面拍攝。大多數博物館皆不允許室內拍照，必須事先確認。

●小心扒手、搶劫
遊逛同起街等觀光勝地時請將隨身行李遠離靠車道側以防搶劫，在濱城市場等人潮眾多的地方則得小心扒手。前往人多擁擠的場所前，可將包包斜背在前方避免離開自己的視線。

| 市中心 | MAP 別冊 P12B2 |

統一宮
Dinh Độc Lập 必看

▌一窺越南的歷史

曾是舊南越的總統官邸，1975年4月30日解放軍的戰車長驅直入後越戰正式劃下休止符。為1871年建造的法國官方機構，越戰期間則改作為極機密的軍事設施使用。1962年受到炸彈波及後又重建而成，現在除了接待國賓等用途外也對外開放參觀。不只總統的辦公室，地下的指令室等設施也很值得一看。

↑統一宮的旁邊就是騷壇公園
➡能感受當時戰爭氛圍的地下基地遺跡

DATA　⏱60～120分 E
🚇市民劇場步行20分　🏠135 Nam Kỳ Khởi Nghĩa　📞028-38223652　🕐7時30分～11時、13～16時　休無　💰4萬VND

| 巴士德街 | MAP 別冊 P14A3 |

胡志明市博物館
Bảo Tàng Thành Phố Hồ Chí Minh

▌見證胡志明市的歷史變遷

建於1890年的法國殖民地時代，美麗的白色建築物原本是法國官僚的宅邸。目前展示著從法國統治時期至兩越統一的照片和武器等相關文物。

DATA　⏱30～120分
🚇市民劇場步行6分　🏠65 Lý Tự Trọng　📞028-38299741　🕐8～18時　休無　💰3萬VND

| 第四郡 | MAP 別冊 P13D3 |

胡志明博物館
Bảo Tàng Hồ Chí Minh 景觀

▌英雄啟程之地

為胡志明21歲前往法國留學時的啟程之地。以初期殖民地建築著稱，館內有胡志明的親筆信與照片等展覽。

DATA　⏱30～120分 E
🚇市民劇場車程3分　🏠1 Nguyễn Tất Thành Q.4　📞028-38255740　🕐7時30分～11時30分、13時30分～17時　休週一　💰免費

| 第三郡 | MAP 別冊 P12B2 |

戰爭遺跡博物館
Bảo Tàng Chứng Tích Chiến Tranh 必看

▌凝視越戰的戰爭痕跡

詳細說明戰爭殘酷面貌的博物館。透過照片、影像傳達戰爭的恐怖，當中也有曾獲普立茲新聞攝影獎的日籍記者澤田教一的照片。

DATA　⏱30～120分 E
🚇市民劇場車程11分　🏠28 Võ Văn Tần Q.3　📞028-39305587　🕐7時30分～18時　休無　💰4萬VND

| 第一郡北部 | MAP 別冊 P11D1 |

歷史博物館
Bảo Tàng Lịch Sử Thành Phố Hồ Chí Minh 必看

▌認識越南的歷史與文化

1929年興建，專門介紹越南歷史與文化的博物館。有少數民族服飾、青銅器時代的棺材等眾多令人玩味的展示。水上木偶戲的迷你劇場也很受歡迎。

DATA　⏱45～60分 E
🚇市民劇場車程8分　🏠Nguyễn Bỉnh Khiêm　📞028-38290268　🕐8時～11時30分、13時30分～17時　休無　💰3萬VND

 世界遺產　 絕佳景觀　 必看景點
⏱~30分 所需時間大約30分　⏱30～120分 所需時間30～120分　⏱120分以上 所需時間120分以上

市中心 MAP 別冊 P13C3

濱城市場
Chợ Bến Thành

出發尋寶去

建於1914年，佔地面積廣達1萬㎡的大型市場。場內分成4個區域，雜貨、洋服、生鮮食品等商品種類應有盡有。

DATA ⏳30～120分
🚇市民劇場步行15分
🏠47 Lê Lợi 📞028-38299274
🕐6～18時 休無

堤岸周邊 MAP 別冊 P10B4

天后宮
Chùa Bà Thiên Hậu

胡志明屈指的古老寺廟

18世紀中期左右落成，為胡志明市歷史悠久的寺廟之一。天后指的就是守護航海安全的媽祖。越往裡面走，還能見到懸掛著許多漩渦狀的香。

DATA ⏳～30分
🚇堤岸巴士總站步行15分
🏠710 Nguyễn Trãi Q.5
🕐6時30分～17時30分 休無
💰免費

堤岸周邊 MAP 別冊 P10A4

聖方濟各天主堂
Nhà Thờ Cha Tam

充滿異國氣息的教堂

20世紀前半期興建的天主教堂，是堤岸地區的地標性建築。由於信眾有越南人和中國人，因此舉行禮拜儀式時會以兩種語言進行。

DATA ⏳～30分
🚇堤岸巴士總站步行6分 🏠25 Học
Lạc Q5 📞028-38560274 🕐7～21
時 休無 💰免費

濱城市場的販售商品

↑中央設有美食區，有各式各樣的越南佳餚。或是來杯冰沙甜湯2萬5000VND休息一下吧

↑自選鞋底和鞋面，再打上鞋釘就完成的半訂製涼鞋

➡木質鞋跟上繪有花紋的涼鞋30萬VND～

↑也有銀飾和土耳其石製成的飾品

➡竹藤提手搭配蕾絲布的手提包15萬VND

➡熱門伴手禮的越南咖啡與滴滴壺套組8萬5000VND～

➡如南國風洋裝35萬6000VND等充滿度假氣氛的服裝樣式眾多

↓有小石子搖曳的耳環25萬VND，民族風味的設計款式十分豐富

堤岸周邊 MAP 別冊 P10A4

平西市場
Chợ Bình Tây

堤岸的代表性市場

僅次於濱城市場的胡志明市第二大市場，商品以雜貨、餐具、衣服、生活用品為中心。歷經兩年的整修工程後，已經於2018年11月重新開張營業。

DATA ⏳30～120分
🚇濱城市場車程25分 🏠57A Tháp
Mười Q.6 🕐視店鋪而異 🕐6～19
時左右 休無

到美拖叢林探險

美拖是湄公河三角洲上的城鎮，位於胡志明市西南方約75km處。搭小船前進叢林探險、體驗幽靜風光的小旅行，相當受到歡迎。不妨選擇當地旅行社推出的一日行程。

↓穿梭在水椰子樹群間的小船

平西市場、天后宮所在的堤岸地區腹地遼闊，逛完平西市場後可從堤岸巴士總站等地搭計程車移動比較有效率。

✦ Groumet

美食

以同起街為中心，
越南菜、法國菜等各式餐廳聚集。
稍微走遠一點還有海鮮名店與
以拋甩瓦煲飯著稱的餐廳等各具魅力的店家。

特集也要 Check!
必吃越南美食Best5…P84
咖啡廳&甜點…P86
美食清單…別冊P18

Advice

● 禮儀
並無嚴格的餐桌禮儀，但喝湯時禁止以碗就口，請將碗放桌上再用湯匙舀起來喝。除非是很高級的餐廳才需要穿著正式的服裝。

● 結帳
基本上在桌邊結帳，有些店家會加收10%的服務費請記得確認收據。不需支付小費。

● 濕紙巾
放在桌上的濕紙巾若打開來使用就得付費，一包約2000～4000VND。

同起街周邊　MAP 別冊 P15C1

Hoa Túc

在法國殖民地建築的空間
大啖越南佳餚

餐廳改裝自法國殖民地時代作為鴉片工廠使用的歷史建物。從國內各地的傳統料理到庶民麵食小吃應有盡有，不添加化學調味料的菜色口味溫和每一道都很美味。法國殖民地建築的空間也很適合悠閒用餐與聊天。也會舉辦越南菜的料理教室（英語），但必須事前預約。

↑保留歷史建築
特有韻味的店內
←越式炸蝦餅
13萬5000VND

DATA
🚇市民劇場步行4分　🏠74/7E Hai Bà Trưng　📞028-38251676　🕐11～23時　休無

巴士德街　MAP 別冊 P13C2

PROPAGANDA

最適合旅途中光顧的店

咖啡餐廳的牆上畫滿了五顏六色的政治宣傳風格藝術，也為旅遊增添不少回憶。風味創新的越南菜也很值得一嘗。

DATA
🚇市民劇場步行10分
🏠21 Hàn Thuyên
📞028-38229048
🕐7～23時　休無

同起街周邊　MAP 別冊 P15C2

Wrap & Roll

享用各式各樣的春捲

能吃到生春捲6萬VND、炸春捲8萬VND等捲狀或包餡料理的專賣店。從基本款到蒸春捲、自行包餡料等各種選項都有，也有提供越南煎餅之類的菜色。

DATA
🚇市民劇場步行3分
🏠62 Hai Bà Trưng
📞028-38222166
🕐10時30分～22時30分　休無

濱城市場周邊　MAP 別冊 P13C2

Cát Tường

透明的絕品河粉

一次放入250副雞架骨、雞翅熬煮一整天萃取出的高湯為店家的招牌。減少調味料的使用，只以高湯提鮮的雞肉河粉Pho Ga 5萬VND是必點佳餚。

DATA
🚇濱城市場步行3分
🏠63 Thủ Khoa Huân
📞028-38238679
🕐5時～翌日1時30分　休無

同起街周邊　MAP 別冊 P15C2

Mitau

品嘗順化的傳統料理

老闆出身中部的古城順化，將家常菜與宮廷料理加入創新的元素。以美味的蜆仔飯Com Hen 7萬5000VND為招牌，還附蜆仔湯和提味的花生。

DATA
🚇市民劇場步行2分
🏠30/2 Hai Bà Trưng
📞028-38272335
🕐8～21時　休無

需事先訂位　有英文版菜單　有諳英語的員工

Phở 24

同起街周邊 MAP 別冊 P15C3

種類眾多的河粉專賣店

也廣受在地人支持的河粉店，能吃到加了牛肉的Phở Bò 4萬9000VND～等各式口味的河粉。地理位置方便也是魅力之一。

DATA
🚇市民劇場步行10分
🏠85 Đồng Khởi
📞028-38257505
🕐6～22時 休無

Vietnam House

同起街周邊 MAP 別冊 P15C3

提供豐富的菜色

佇立於同起街中心位置的名店，布希總統等各國VIP都曾經造訪過。套餐（午晚時段皆有）28萬8000VND～，還會附蓮花沙拉。

DATA
🚇市民劇場步行7分
🏠93-95-97 Đồng Khởi
📞028-38222226 🕐11時30分～15時、17時30分～23時 休無

Temple Club

Tôn Thất Thiệp街 MAP 別冊 P14B4

以中越料理為主

洋溢著摩登異國風的餐廳，老闆是一位深受越南藝術吸引的香港人。店裡有許多如柑橘風味叉燒20萬VND之類調味纖細的菜色。

DATA
🚇市民劇場步行10分
🏠29-31 Tôn Thất Thiệp
📞028-38299244 🕐11時30分～24時(LO22時30分) 休無

Xu

同起街周邊 MAP 別冊 P15C2

香氣撲鼻的融合料理

以越南菜與西式餐點巧妙搭配的創新融合料理著稱。使用香草入菜的佳餚也廣受好評，還有可以少量多樣品嘗不同風味的午餐29萬5000VND。

DATA
🚇市民劇場步行4分 🏠71-75 Hai Bà Trưng 📞028-38248468
🕐11時30分～23時30分 休無

Le Jardin

第一郡北部 MAP 別冊 P13C2

於露天座品嘗道地法國菜

位於法國文化交流會館的中庭。能在法文交談聲此起彼落的空間，享用油封鴨18萬VND等正統法國菜。晚餐需預約。

DATA
🚇市民劇場步行5分 🏠31 Thái Văn Lung 📞028-38258465 🕐11時～14時30分、18～22時 休無

An Viên

第一郡北部 MAP 別冊 P12B1

氣氛典雅的巷弄內名店

以南越料理為中心，提供約150道菜色的高級餐廳。原本是建於1960年左右的法國人宅邸，以古董家具營造出的雅致空間十分吸睛。

DATA
🚇市民劇場車程10分
🏠178A Hai Bà Trưng
📞028-38243877 🕐11時～14時30分、16～22時 休無

Cơm Niêu Sài Gòn

第三郡 MAP 別冊 P12B2

拋甩瓦煲飯超有名

炭火炊煮的瓦煲飯Com Dap 5萬3000VND為店家招牌。一天可賣出200份，敲破瓦甕、拋甩瓦煲飯的表演秀也是必看焦點。

DATA
🚇市民劇場車程10分
🏠59 Hồ Xuân Hương
📞028-39302888
🕐10～22時 休無

Mandarine

第一郡北部 MAP 別冊 P13D1

越南屈指可數的高級店

國內外VIP都是座上賓的高級越南菜餐廳。有蓮子炒飯25萬VND、烤鴨佐羅望子醬32萬VND等佳餚，葡萄酒的選擇性也很豐富。

DATA
🚇市民劇場車程10分 🏠11A Ngô Văn Năm 📞028-38229783
🕐11時～14時30分、17時30分～22時45分 休無

Fanny

Tôn Thất Thiệp街 MAP 別冊 P14B4

使用天然食材製成的冰淇淋

以純天然冰淇淋為熱賣商品，近40款冰淇淋皆為100%天然食材製成的原創口味。1球6萬5000VND～，選擇性豐富。

DATA
🚇市民劇場步行10分 🏠29-31 Tôn Thất Thiệp 📞028-38211633
🕐8～23時 休無

 麵料理除了河粉外，順化米線也很有人氣，為米線、牛肉搭配辣味湯頭的順化名產。Mitau（→P96）等店家都吃得到。

◆ **Shopping**

購物

刺繡、訂製衣服以及
漆器、少數民族的傳統圖案等，
胡志明市的魅力商品琳瑯滿目♪
政治宣傳商品也是一大亮點！

特集也要
Check!

同起街購物去…P78
分送用伴手禮…P82
政治宣傳商品…P83

Advice

●退稅
購物時會被收取10%的加值稅（VAT）。外國旅客若於指定店家消費超過200萬VND（一天內同一家店的購物總額），即可在出境前辦理退回VAT。詳情請參照ⅢⅢwww.gdt.gov.vn（英語）。

●適度地交涉價格
除了一定得討價還價的市場外，有些商家也可以接受議價。若一次購買兩個以上或許能多打點折扣，但請勿胡亂殺價。

巴士德街　MAP 別冊 P14A3

Flame Tree by Zakka

訂製服裝的名店

以手繪蠟染和手工刺繡廣受歡迎的精品店，有許多出自日籍設計師獨到品味的商品。僅此一家別無分店，請小心別走錯家。

DATA
交市民劇場步行5分
住73 Pasteur
☎028-38245345
營10～20時　休無

巴士德街　MAP 別冊 P14A3

ThêuThêu

能買到作工精細的
刺繡製品

店內羅列的可愛刺繡商品，皆出自越南師傅的細緻手工與日籍老闆的出色設計。從女用襯衫到收納袋之類的小物應有盡有，裝飾著繽紛刺繡的包鈕5萬VND～、飾品等都很有人氣。也有販售目前已鮮少有師傅能製作的絲綢精細刺繡女用襯衫。

縫上動物、花朵等刺繡的可愛收納袋各14萬VND ➡店內牆面上繪有花卉圖案彷彿走進了童話世界般

DATA
交市民劇場步行5分
住136 Pasteur　☎028-38247570
營9時30分～19時　休無

Tôn Thất Thiệp街　MAP 別冊 P14B4

Saigon Kitsch

充滿玩心的各式雜貨

若想尋找新奇特別的雜貨就來這兒吧，有佛陀臉龐造型的蠟燭10萬VND～、政治宣傳藝術風格的玻璃杯5萬VND～等個性雜貨。

DATA
交市民劇場步行8分
住43 Tôn Thất Thiệp
☎028-38218019　營9～21時　休無

巴士德街　MAP 別冊 P14A3

Chi Chi Tailor

也能訂製
搭配洋裝的手提包

提供富含日本流行元素的款式樣本與各種布料，為胡志明市人氣度最高的裁縫店。訂製後需一個工作天，洋裝、上衣類均交由附設工房裡經驗老道的師傅製作。隨時都會推出新的布料，店內陳列的布料為全胡志明市種類最多。亦可搭配洋裝訂製同款色系的手提包，費用約100萬VND。

附蓮花刺繡的洋裝126萬VND～ ➡年輕女店員的態度和善，知識也很豐富

DATA
交市民劇場步行5分
住144/1 Pasteur　☎028-38230856
營8時30分～20時　休無

Gosto

濱城市場周邊　MAP 別冊 P12B3

五顏六色的鞋子

用色鮮豔的鞋子品牌，胡志明市有2家店、河內有1家店。使用義大利製皮革的淺口無帶鞋、芭蕾舞鞋等鞋款約200萬VND～。

DATA
🚇濱城市場車程5分
🏠98 Nguyễn Trãi
📞028-39254368
🕐9～22時　休無

Labella

巴士德街　MAP 別冊 P14A3

展現女性優美曲線

店內陳列著越南本地設計師的原創商品，以及從越南各地選購而來的精品。服飾以具有光澤、充滿女人味的設計款式為大宗。

DATA
🚇市民劇場步行8分
🏠87 Pasteur
📞028-38230172
🕐9～21時　休無

Vo Viet Chung

濱城市場周邊　MAP 別冊 P13C3

活躍於世界的設計

曾經手過環球小姐的服裝、在國際上發光發熱的時尚設計師Vo Viet Chung的服飾精品店。充滿設計感的長衫、洋裝都很受歡迎，也有許多人會來訂製衣服。

DATA
🚇濱城市場步行4分
🏠205 Lý Tự Trọng
📞028-39142008
🕐9～21時　休無

TROPIC

同起街周邊　MAP 別冊 P15C3

讓人目不轉睛的眾多雜貨

從手工刺繡小物到包包、餐具、服飾等一應俱全，能一次買齊所有伴手禮相當方便。其中最熱門的是使用當下現有布料製成的休閒涼鞋23萬1000VND。

DATA
🚇市民劇場步行4分
🏠89 Đồng Khởi
📞028-38223714
🕐8時～21時30分　休無

Hà Phương Souvenir Shop

巴士德街周邊　MAP 別冊 P14A3

刺繡小物的名店

長年來廣受喜愛的手工刺繡雜貨屋。手帕、小袋子、桌巾等以嫻熟技術縫製的布製小物在店內擺得滿滿的，光欣賞細膩的手工也是一種樂趣。

DATA
🚇市民劇場步行7分
🏠89 Lê Thánh Tôn
📞028-38245754
🕐9～20時　休無

The House of Saigon

濱城市場周邊　MAP 別冊 P12B3

極富品味的獨創雜貨

兩層樓的賣場空間裡陳列著許多讓人心動的時尚越南雜貨，有原創設計的刺繡小物和包包、休閒風格的長衫、國產茶葉等多樣商品。

DATA
🚇濱城市場步行3分
🏠258 Lê Thánh Tôn
📞028-35208179
🕐8時30分～21時　休無

Happers

第一郡北部　MAP 別冊 P13C1

塑膠手提包專賣店

販售塑膠繩編織包的專賣店。由於是工廠的直營店，不僅設計款式、尺寸齊全，價格也很平實。也有用來裝飾包包的飾品類商品。

DATA
🚇市民劇場步行10分
🏠15A/39-40 Lê Thánh Tôn
📞028-36020264
🕐10～19時　休無

Lệ Hằng

巴士德街周邊　MAP 別冊 P14A3

使用施華洛世奇水晶的手作飾品

以施華洛世奇水晶與石頭串珠為材料的手作飾品專賣店。也提供與店內陳列的設計款不同色系的訂製服務，只需數小時即可交貨。髮圈約54萬VND～。

DATA
🚇市民劇場步行10分
🏠101 Lê Thánh Tôn
📞028-38273596
🕐9～20時　休無

越南兩大陶瓷

●缽場陶瓷

在河內近郊的缽場村生產製造的陶瓷器。將黏土放入模型內，以手繪圖案填色，多為蜻蜓之類的動植物圖案。

●松北陶瓷

於胡志明市近郊平陽省生產製造的白瓷。據說源自於中國福建省樸實的土色搭配花卉等圖案，多作為平民的日常餐具使用。

陶瓷器容易損壞，搭機返國時最好放在手提行李或是當場請店家確實包好。若要放在行李箱託運，記得用衣服或毛巾再包覆一層比較安全。

✦ Beauty&Night Spot

美容&夜間娛樂

以平實價格就能體驗
頂級精緻療程的SPA天堂♪
水上木偶戲、西貢河遊船、酒吧等
夜間娛樂也十分充實！

特集也要
Check!

頂級SPA…P88
輕鬆按摩…P89

Advice

●SPA請事先預約
人氣店的話事先預約比較保險。有的店家會提供免費的接送服務，依療程內容而定時最後的入店時間會提前許多，請於預約時確認。按摩店基本上不需要預約。

●也可參加旅行社的行程
水上木偶戲、西貢河遊船等行程可請旅行社代為購票，或是參加已內含這些行程的團體旅遊。雖然得支付些許的手續費，但保證一定可以入內觀賞和搭船遊覽。

同起街周邊　MAP 別冊 P15C2

Kara Salon & Spa

選用自然派化妝品的
頂級臉部保養

充滿高級感的療程室廣受歡迎的沙龍，不只吸引外國旅客連當地的貴婦也是常客。以使用以天然素材製成的專業化妝品和精油為特色，最有人氣的療程是臉部保養。備有舒緩肌膚壓力、美白等7種臉部保養方案，結合泰式、峇厘島式的按摩療程也深獲好評。

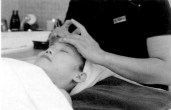

↑也提供以海泥、海鹽、海藻進行的身體去角質療程　➡使用PHYTOMER的化妝品

DATA
交市民劇場步行即到　住H卡拉維勒西貢飯店(→P103)7F　☎028-38234999　營9～21時(最後入店～20時30分)　休無

同起街周邊　MAP 別冊 P15C2

SEN SPA

廣受遊客青睞的SPA

位居觀光地、佔地整棟建築物的大型SPA店。除了使用法國精油的療程外，還有可依美白、抗老化等目的選擇方案的臉部保養也很有人氣。

DATA
交市民劇場步行5分　住26-28 Đông Du　☎028-39102174　營9時～22時30分(受理至22時)　休無

第一郡北部　MAP 別冊 P13D1

Mộc Hương Spa

具傳統療法特色的療程

使用泰國SPA品牌「THANN」的保養品，以融合印度、泰國傳統療法的身體按摩為招牌。市內共有3家分店，店內空間呈現出讓人身心放鬆的東方氛圍。

DATA
交市民劇場步行10分　住9C Tôn Đức Thắng　☎028-39117118　營9時30分～22時30分(受理至22時30分)　休無

第一郡北部　MAP 別冊 P12B1

YKC Beauty Spa

當地居住外國人的人氣SPA

能在沉穩氣息的空間中享受優質療程的高級SPA，因此吸引不少老顧客再三造訪。芳療按摩90分50萬VND，臉部保養則為75分70萬VND～。

DATA
交市民劇場車程10分　住178B Hai Bà Trưng　☎028-38292791　營9～23時(受理至21時30分)　休無

同起街周邊　MAP 別冊 P15C3

Aqua Day Spa

極致享受的飯店SPA

有以新鮮咖啡豆進行身體去角質、使用東方香草等天然素材的療程等多元選擇，還有泰式按摩90分178萬VND。

DATA
交市民劇場步行3分　住H西貢喜來登飯店(→P104)5F　☎028-38272828　營10～23時　休無

堤岸周邊　 MAP 別冊P12A4

Equinox Fitness & Leisure Center

在按摩老店感受「療癒」氛圍

提供臉部保養和全身按摩等多樣方案。按摩有6種可以選擇，泰式140分140萬VND～，6～12時還可享折扣US$20的服務。

DATA
市民廣場車程15分　胡志明市國際貴都大飯店（→P103）內　📞028-38397777　⏰5～24時（臉部保養9～22時、全身按摩6時30分～23時）　休無

第一郡北部　MAP 別冊P13C1

Lush

當地年輕人間的高人氣夜店

廣受在地人喜愛的夜店。週三、六會播放浩室音樂，其他幾天則是嘻哈音樂。每週二還會推出淑女之夜，至24時前所有飲料皆可免費喝。

DATA
市民劇場步行15分　2 Lý Tự Trọng　📞091-8630742　⏰8時～翌日4時　休週一　免費入場（週二僅男士須付10萬VND）

第三郡　 MAP 別冊P13C1

Shri

新地標就近在眼前

設有露天酒吧和玻璃屋餐廳，可眺望金融塔（→P92）等地標建築。有香茅牛肉20萬VND等多款餐點。

DATA
市民劇場步行15分　23F Centec Tower, 72-74 Nguyễn Thị Minh Khai Q.3　📞028-38279631　⏰9時～翌日1時（週日為16時～）　休無　不需入場費

第一郡北部　MAP 別冊P12B2

金龍水上木偶劇院
Nhà Hát Múa Rối Nước Rồng Vàng

源自於北越的傳統藝能

11世紀誕生於河內的傳統戲劇，搭配現場演奏的傳統音樂與民謠操縱水上的木偶演出各種有趣劇情。情節多以傳說故事和日常生活為主，沒有配音和字幕。

DATA
市民劇場車程12分　55B Nguyễn Thị Minh Khai　📞028-39302196　⏰17時～、18時30分～、19時45分～（一天公演兩場，所需約45分）　休無　25萬VND

濱城市場周邊　MAP 別冊P12B3

Chill Sky Bar & Lounge

雞尾酒與美景的絕佳組合

位於辦公大樓的高樓層，擁有全胡志明市最棒的眺望美景。頂樓的酒吧毫無任何遮蔽物，讓人彷彿置身在天空中般。提供廣受各國名流盛讚、由酒保自創的Chill Deluxe 32萬VND等多款雞尾酒，能邊享受美酒邊眺望街景。禁穿無袖背心、短褲、沙灘鞋入店，請注意自身的服裝儀容。

↑震撼感十足的夜景，左手邊即Saigon Skydeck →牛肉串燒24萬VND

DATA
濱城市場步行5分　26&27F, Rooftop AB Tower, 76A Lê Lai　📞028-38272372　⏰17時30分～翌日2時　休無　週五六的入場費1人30萬VND（附1杯飲料）

同起街周邊　MAP 別冊P15D4

M Bar

能將西貢河盡收眼底的酒吧

酒吧位於1925年創業的殖民地風格飯店內。從露台區能一望如鏡面般反射燈光的西貢河，享受片刻的愜意時光。

DATA
市民劇場步行10分　西貢雄偉飯店（→P102）新館8F　📞028-38295517　⏰14時～24時30分　休無　不需入場費

同起街周邊　MAP 別冊P15C2

Saigon Saigon Rooftop Bar

欣賞著名大街的景色

若想邊眺望同起街邊享受杯中物的話就來這兒。位居高級飯店的樓上，每晚21時還有拉丁樂團的現場表演。Caravelle Sunset 19萬8000VND。

DATA
市民劇場步行即到　卡拉維勒西貢飯店（→P103）9F　📞028-38234999（代表號）　⏰16時～翌日2時　休無　不需入場費

第四郡　MAP 別冊P13D3

Bonsai River Cruise

西貢河巡遊

搭乘復古木造船緩緩行駛於西貢河的人氣遊船之旅，能邊欣賞閃耀著橘色光芒的街景邊享用各國佳餚的自助百匯。

DATA
市民劇場車程10分　芽榮碼頭（乘船處）　⏰18時45分～乘船，19時15分出航、21時15分返航　休無　US$47

 胡志明市的夜間治安堪稱良好，女生結伴外出也沒有問題，但有些夜間娛樂的景點離市中心稍遠，也有可能會遇到扒手，建議還是搭乘計程車吧。

飯店

物價便宜的胡志明市，
連高級飯店的價格也很平實。
殖民地建築風格的飯店和大型飯店
多聚集在同起街的周邊。

特集也要 Check! ──西貢歐式飯店…P90

Advice

●入住及退房時間
一般的入住時間為14時左右，退房時間為12時左右。若搭乘深夜回國的航班，於預約時申請延遲退房的服務即可繼續使用客房至18時左右（須另外付費）。

●以US$結帳
目前越南的費用標示已統一為VND，但有部分飯店可用US$支付。匯率依各飯店而異，請事前確認清楚。

●小費
當地沒有支付小費的習慣，但如果想表達感謝的心意可給1萬VND左右。

同起街周邊　MAP 別冊 P15D4

西貢雄偉飯店
Hotel Majestic Saigon

擁有顯赫歷史
氣派非凡的老字號飯店

創業於1925年，歷經多次改裝仍保留原有殖民建築風格的飯店，也曾是越戰期間各國記者長住的場所。伴隨著越南歷史一路走來的高級飯店，以水晶吊燈營造優雅空間感的大廳、布置古董家具的客房等設計如今依舊吸引眾人的目光。

↑威風堂堂的白牆殖民地建築
→已故日本朝日新聞特派記者開高健曾住過的103號房

DATA
市民劇場步行10分
1 Đồng Khởi　028-38295517
Colonial Deluxe US$150～　175間

同起街周邊　MAP 別冊 P15C2

西貢凱悅公園飯店
Park Hyatt Saigon

世界知名的
豪華飯店

位於胡志明市中心的藍山廣場，洋溢著濃濃的法屬印度支那氛圍。客房以絲綢白色系為主，並掛上黑白照片的相框營造出復古時尚感。提供免費無線上網。室內設計是由擁有六本木之丘等著名實績的設計集團「Super Potato」負責操刀。附設的「Xuan Spa」（→P88）也很受歡迎。

↑藍山廣場上的明顯地標
→豪華的Park King Deluxe Room

DATA
市民劇場步行1分
2 Công Trường Lam Sơn
028-38241234　⑤①US$300～　245間

同起街周邊　MAP 別冊 P14B2

西貢歐式飯店
Hotel Continental Saigon

越南第一家
國際級高級飯店

1880年開業，越南歷史最悠久的白牆名門飯店，亦為胡志明市代表性的殖民地建築傑作之一。飯店內以古董家具、創業當時的照片裝飾增添風情，營造出古典的氛圍。雞蛋花老樹盛開的中庭內設有餐廳，洋溢著古老的氣息。也曾在凱撒琳·丹尼芙主演的電影《印度支那》中作為取景地而廣為人知。

→房客可於中庭餐廳享用早餐

↑能眺望市民劇場的Opera Wing Suite

DATA
市民劇場步行即到　132-134 Đồng Khởi　028-38299201
⑤①US$105～　83間

同起街周邊

西貢大飯店
Grand Hotel Saigon

MAP 別冊 P15D4

圓頂型屋頂吸睛的
人氣殖民地建築

還保有舊式電梯等1930年代創
業以來的樣貌，2011年新館
Luxury Wing落成啟用，客房採
溫暖的木質調風格。從新館頂樓
「Grand Cafe」的眺望視野也很
棒，能飽覽設有Saigon
Skydeck的金融塔（→P92）與
胡志明市的夜景，15～17時為
Happy Hour的優惠時段。

➡法國建築樣
式的舊館有三
層樓空間

⬆瀰漫著奢華氛圍的大廳

DATA．．．．．．．．．．．
🚇市民劇場步行5分　🏠8 Đồng Khởi
📞 028-39155555　💰Luxury Wing
Deluxe 350萬VND～　226間

同起街周邊

MAP 別冊 P15D1

西貢樂天傳奇酒店
Lotte Legend Hotel Saigon

能欣賞優美的
河岸景觀

以西貢河的眺望景色自豪。所有
客房皆附溫水洗淨便座、浴缸、
提供免費無線上網，早餐有日式
和美味現烤鬆餅之類的西式餐
點。若入住Executive Floor
US$430～，還能體驗各式各樣
的服務。飯店內的餐廳也很值得
一嘗，有傍晚茶廣受好評的酒
吧、從日本進口食材的高級和食
店、當地人有口皆碑的廣東菜館
等。

⬆游泳池旁有道
門可抄近路通往
市民劇場
➡空間明亮開闊
的「Legend
Lounge」

DATA．．．．．．．．．．．
🚇市民劇場步行12分　🏠2A-4A Tôn Đức
Thắng　📞 028-38233333
💰ⓈⓉUS$300～　283間

堤岸周邊

MAP 別冊 P12A4

胡志明市國際貴都大飯店
Hotel Equatorial Ho Chi Minh City

設施充實的大型飯店

Orientica Seafood Restaurant
& Bar等餐廳的評價都很高。4
樓設有長度25m的戶外泳池，還
提供免費接
駁巴士往返
第一郡。

DATA．．．．．．．．．．．
🚇市民劇場車程15分
🏠242 Trần Bình Trọng, Q.5
📞 028-38397777
💰ⓈⓉUS$300～　333間

同起街周邊

MAP 別冊 P15C2

卡拉維勒西貢飯店
Caravelle Saigon

從客房可眺望美麗夜景

佇立於市民劇場旁的高層飯店。
備有大理石材質的大廳等，營造
出整體空間的高級感。客房以能
欣賞城市景
觀的房型最
受歡迎，可
一望市民劇
場等建築。

DATA．．．．．．．．．．．
🚇市民劇場步行即到
🏠19 Công Trường Lam Sơn
📞 028-38234999　💰Deluxe City
View US$198～　335間

第一郡北部

MAP 別冊 P13C1

西貢洲際飯店
InterContinental Saigon

適合作為觀光據點的地理位置

位於中央郵局附近的複合設施
「M Plaza Saigon」一隅的五星
級飯店。風格時尚簡單的客房設
備新穎，機
能性高。

DATA．．．．．．．．．．．
🚇市民劇場步行10分
🏠Corner Hai Bà Trưng & Lê Duẩn
📞 028-35209999　💰Deluxe Room
430萬VND～　305間

堤岸周邊

MAP 別冊 P12A4

西貢日航飯店
Hotel Nikko Saigon

2011年開幕的日系飯店

座落在稍微遠離市中心喧囂的位
置，能享受悠閒的下榻時光。客
房面積皆達40㎡以上，為市內首
屈一指的寬敞
空間。隨時都
有日籍員工常
駐，服務相當
周到。

DATA．．．．．．．．．．．
🚇濱城市場車程15分
🏠235 Nguyễn Văn Cừ
📞 028-39257777　💰Deluxe Room
630萬VND～　334間

第一郡北部

MAP 別冊 P13C1

西貢索菲特廣場飯店
Sofitel Saigon Plaza

深受歐美人士的青睞

位於黎筍街上的洗鍊奢華飯店。
設有提供法國菜等各國料理的
餐廳，很受歐美人士的歡迎。可
享用專屬交
誼廳的Club
房型也深得
好評。

DATA．．．．．．．．．．．
🚇市民劇場車程4分
🏠17 Lê Duẩn
📞 028-38241555　💰Club房型577萬
5000VND～　274間

幾乎所有的飯店皆提供免費無線上網，只要有智慧型手機就能連線上網相當方便。
網路的接續方式視飯店而異，請向櫃檯人員確認。

飯店

同起街周邊　MAP 別冊 P15C4

西貢王子飯店
Saigon Prince Hotel

餐飲選擇多元

面朝阮惠街，前往同起街、巴士德街購物或到西貢河畔散步都很方便。設有提供亞洲佳餚和歐美料理的餐廳。

DATA
🚇市民劇場步行6分
🏠63 Nguyễn Huệ
📞028-38222999
💰⑤①US$140～191間

同起街周邊　MAP 別冊 P15D3

東桂神秘島飯店
The Myst Dong Khoi

入住設計型的飯店

外觀新穎的設計型飯店。古典摩登風格的客房皆附置有浴缸的私人陽台，能享受舒適優雅的下榻時光。

DATA
🚇市民劇場步行5分
🏠6-8-10 Hồ Huấn Nghiệp
📞028-35203040
💰Standard Room US$170～108間

同起街周邊　MAP 別冊 P14B3

西貢麗士飯店
Rex Hotel Saigon

規模氣派的國營飯店

鄰近胡志明市人民委員會大廳，擁有殖民地樣式的建築外觀。每到夜晚會點上燈飾，別有一番風情。還有能欣賞夜景的頂樓酒吧「Rooftop Garden」，相當值得一訪。

DATA
🚇市民劇場步行3分
🏠141 Nguyễn Huệ
📞028-38292185
💰⑤①US$183～286間

同起街周邊　MAP 別冊 P15C3

西貢喜來登飯店
Sheraton Saigon Hotel & Towers

觀光便利的地理位置

胡志明屈指可數的高級飯店，擁有極高的評價。曲線造型的大廳、低調奢華氣息的客房都讓人留下好印象，地處購物方便的場所也是其魅力之一。

DATA
🚇市民劇場步行3分
🏠89 Đồng Khởi
📞028-38272828
💰400萬VND～485間

巴士德街　MAP 別冊 P14A4

自由中心西貢城市之心飯店
Liberty Central Saigon Citypoint Hotel

最適合購物行程的飯店

位於巴士德街上，2015年才剛開張的新飯店，為盡享購物樂趣的首選。頂樓設有泳池，同時也是能飽覽胡志明夜景的隱密景點。

DATA
🚇市民劇場步行7分
🏠59-61 Pasteur
📞028-38225678
💰⑤①US$115～171間

同起街周邊　MAP 別冊 P15C4

西貢萬韻酒店
The Reverie Saigon

同起街的新地標

2015年落成於同起街的最新飯店。水晶吊燈等當代風格的室內設計很引人目光，還能眺望西貢河和市區的景色。

DATA
🚇市民劇場步行6分
🏠22-36 Nguyễn Huệ &57-69F Đồng Khởi　📞028-38236688
💰⑤①US$263～286間

巴士德街周邊　MAP 別冊 P14A3 **西貢諾福克飯店** Norfolk Hotel	座落於商店林立的街上，鄰近同起街和濱城市場觀光十分方便。員工的服務也有口皆碑。　🚇市民劇場步行6分　🏠117 Lê Thánh Tôn　📞028-38295368　💰⑤①240萬VND～104間	
同起街周邊　MAP 別冊 P15D4 **西貢河濱萬麗飯店** Renaissance Riverside Hotel Saigon	位於孫德勝街的高層飯店，摩登風格的客房有6成都是河景房。🚇市民劇場步行10分　🏠8-15 Tôn Đức Thắng　📞028-38220033　💰Deluxe Riverview 450萬VND～336間	
范五老街　MAP 別冊 P12B3 **愛麗思飯店** Elios Hotel	擺設簡單又具機能性的飯店，在頂樓餐廳享用早餐也廣受好評。🚇濱城市場步行15分　🏠233 Phạm Ngũ Lão　📞028-38385585　💰Executive Deluxe Room 201萬6000VND～84間	
范五老街　MAP 別冊 P12B4 **普爾曼西貢中心飯店** Pullman Saigon Centre	以現代風室內裝潢為特色。位居30樓的餐廳設有露台，亦為欣賞市區夜景的景點。🚇濱城市場車程4分　🏠148 Trần Hưng Đạo　📞028-38388686　💰US$104～306間	
堤岸周邊　MAP 別冊 P10B4 **溫莎廣場飯店** Windsor Plaza Hotel	飯店的1～3樓即安東廣場，有伴手禮店等近1500個店鋪進駐。🚇濱城市場車程15分　🏠18 An Dương Vương　📞028-38336688　💰Deluxe Room 264萬VND～376間	
市區北部　MAP 別冊 P10B1 **西貢伊斯丁大飯店** Eastin Grand Hotel Saigon	地處市中心與機場中間的高級飯店，以環境幽靜為特色。飯店內有5家餐廳和賭場。　🚇市民劇場車程20分　🏠253 Nguyễn Văn Trỗi　📞028-38449222　💰Executive Club Room 450萬4500VND～268間	

📧 有諳英語的員工　🛏 有餐廳　🏊 有泳池　🏋 有健身房

旅 遊 資 訊

Travel
Information

✔ 事前Check！

- ☐ 護照剩下的有效期限是否足夠？
- ☐ 機票、電子機票收據上的姓名是否與護照相同？
- ☐ 確認過需不需要簽證了嗎？
- ☐ 確認過信用卡的密碼了嗎？

✔ 來預防「萬一」吧！

- ☐ 列印護照的照片頁面
- ☐ 加入海外旅行傷害保險
- ☐ 保管信用卡的緊急聯絡電話號碼

✔ 事前Check！

- ☐ 調查過當地的氣候了嗎？
- ☐ 調查過當地的安全資訊了嗎？

旅遊資訊

柬埔寨入境的流程

確定去旅行後，應立刻確認重要的出入境資訊！
做好萬全的準備後前往機場。

入境柬埔寨

❶ 抵達 Arrival

下機後依循指示前往入境審查區，尚未取得簽證的旅客請至櫃臺申辦落地簽證。

❷ 入境審查 Immigration

提交已填好的出入境卡與護照，按壓指紋。有時會被要求出示回程機票（電子機票收據）。若無任何問題就會歸還蓋上入境章的護照及出境卡，請妥善保存。

❸ 提領行李 Baggage Claim

結束入境審查後，前往左側的行李轉盤取回托運行李。萬一發生行李遺失或破損的情況，請至失物招領處出示報到手續時拿到的行李條（Claim Tag）提出申告。

❹ 海關 Customs Declaration

備妥海關申報單前往海關櫃檯。通道又分設成「應申報櫃檯」和「免申報櫃檯」，請自行決定該選擇哪個通道繳交申報單。

❺ 入境大廳 Arrival Lobby

出海關後的右側有計程車和摩托計程車的售票櫃檯、貨幣兌換所，左側有咖啡廳、飯店諮詢櫃檯等。

♪ 取得簽證的方法

柬埔寨在台灣並無設立辦事處，
取得簽證的方法有以下兩種。

①在機場或邊境申辦落地簽證
暹粒國際機場、金邊國際機場以及泰國、越南的邊境海關皆可申請落地簽證，能停留1個月的觀光落地簽證費用US$30。但可能會遇到人多需排隊等候或收賄等金錢糾紛的問題，建議還是在台灣先辦好電子簽證。

②透過柬埔寨外交部網站
申請電子簽證「e-visa」
上網即可直接申請「e-visa」，限觀光簽證且僅可單次使用。收費US$37（其中簽證費用US$30、手續費US$7），需3個工作日，有效期限為簽發日起3個月，可停留1個月。
柬埔寨外交部電子簽證官網
▥www.evisa.gov.kh/

出國時的注意事項

柬埔寨的入境條件

> 出發前1個月記得做確認

●護照剩餘的有效期限
出國時護照須有6個月以上效期，且須預留1頁以上的空白頁面。

●簽證
必須取得簽證。觀光簽證為3個月內有效的單次簽證，在有效期間內可入境一次，最多可停留1個月。取得方法請參照上記。

●機場的出發航廈

> 查詢出發航廈

桃園國際機場又分成第1航廈和第2航廈。中華航空、柬埔寨航空、越南航空都在第1航廈，長榮航空在第2航廈。

●攜帶液體物品登機的限制
上機的隨身行李若有超過100毫升的液體物品，會在出境時的行李檢查中予以沒收。若無超過100毫升，即可放入透明夾鏈袋中登機。詳細規定請參照交通部民航局網站▥www.caa.gov.tw/

 小小資訊 申請護照的相關事宜請參照外交部領事事務局網站▥www.boca.gov.tw/

柬埔寨入境的必填資料

須繳交1張出入境卡及海關申報單。
飛機上會發放出入境卡和申報單，請提前填寫。

出入境卡

出入境卡的填寫範例

❶…姓（英文）　❷…名（英文）
❸…出生日期（按日、月、西元年後兩碼的順序）
❹…國籍
❺…護照號碼
❻…性別（男性＝M／女性＝F）
❼…航班編號　　　❽…出發地
❾…簽證編號　　　❿…簽證發行地
⓫…入境目的（觀光請填SIGHTSEEING）
⓬…停留天數
⓭…柬埔寨的居住地址（飯店名稱等）
⓮…簽名（與護照上一致）
⓯…填寫日期（日／月／西元年）
⓰…目的地（離開柬埔寨後預定前往的國家）

海關申報單

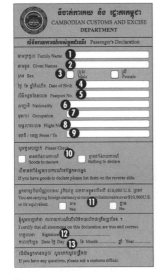

海關申報單的填寫範例

❶…姓（英文）
❷…名（英文）
❸…性別（男性＝Male／
　　女性＝Female）
❹…出生日期（日／月／西元年）
❺…護照號碼
❻…國籍
❼…職業（上班族請填
　　OFFICE WORKER）
❽…航班編號
❾…出發地／目的地
❿…有無應申報物品（若有應申報物品
　　請填入背面的表格）
⓫…是否攜帶等值於
　　US$1萬以上的現金？
⓬…簽名（與護照上一致）
⓭…填寫日期（日／月／西元年）

入境柬埔寨時的攜帶物品限制

●外幣…當地貨幣與外幣攜帶出入境的上限皆為
　US$1萬，超過的話必須向海關申報
●香菸…400支
●酒…2公升以內

●禁止物品…彈藥、毒品、槍械等
●須申報物品…電腦、錄影帶、攝影機／錄音機／
　播放器、收音機等所有的電器製品

機場～暹粒市中心的交通

從機場前往暹粒市中心有4種移動方式，
車程皆約15分鐘即可抵達。

暹粒國際機場 | MAP 別冊 P2A2
Siem Reap International Airport

暹粒國際機場的規模不大，不過機場內有咖啡廳、商店、伴手禮店等充實設施。雖然是座不太會迷路的小機場，但搭機前小歇片刻或是隨意逛逛消磨時間都很適合。

機場平面圖

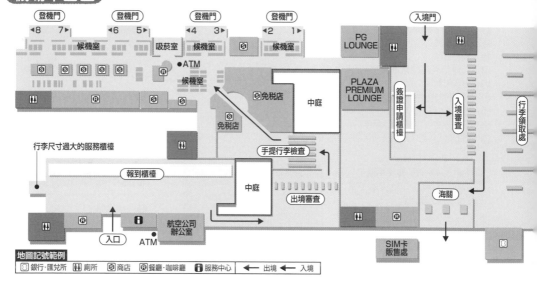

交通速查表

※所需時間僅供參考，會因交通壅塞狀況而異。各種交通工具的車票建議至售票櫃檯購買，
與機場外司機直接議價的金額差不多，但售票櫃檯收取的是固定金額所以比較安心。詳情請事先確認清楚。

交通工具		特徵	車資(單程)	所需時間
	機場計程車	出入機場的專用計程車。將售票櫃檯購買的車票交給司機即可。	US$10~15	15分
	機場小巴	方便人數較多或行李較多時利用。	US$15~20	15分
	嘟嘟車	人數較少時的移動十分便利。由於車體為開放式，行進間吹著風相當舒服，但雨季就不太推薦了。	US$9~14	15分
	摩托計程車	適合行李較少的情況，移動快速又方便。摩托計程車的後座限載一人。	US$9~14	15分

小小資訊 暹粒國際機場是吳哥窟的空路玄關口，2006年重新翻修後已變身成現代化的機場。

出境柬埔寨

❶ 報到 Check-in

到搭乘航空公司的櫃檯出示機票或電子機票收據與護照，托運行李、領取登機證Boarding Pass。自2011年後機場使用稅已包含在機票內，因此不需在機場另外支付。

❷ 出境審查 Immigration

於出境審查櫃檯出示護照和出境卡、登機證，護照蓋上出境章後即審查結束，通常都很快速。須查看指示牌確認登機門。

❸ 手提行李檢查 Security Check

若無攜帶須向海關申報的物品即可快速通過。除了危險物品外，古董、古陶瓷、佛像等也屬於必須申報的物品，請留意。此外，購買珠寶類等高價物品時要記得索取收據備查。

❹ 登機 Boarding

起飛時間的前15分鐘左右開始登機，會有廣播通知並開放登機門。但越南航空有時會在乘客到齊後提早起飛，請注意。

♪ Reconfirm（機位再確認）

有些航空公司規定必須在出發72小時前再次確認預約的機位。可以撥電話至航空公司的當地辦事處，或是親自跑一趟確認航班的日期、編號及旅客姓名。近年來很多航空公司已不需再次確認機位，預訂機票時記得詢問清楚。

暹粒～胡志明的交通

越南航空一天有5～6個班次往返柬埔寨暹粒與越南胡志明，所需約1小時～1小時20分。暹粒的空路玄關口為暹粒國際機場，胡志明則是新山一國際機場。此外，越南航空一天有2～4個班次往返暹粒～河內（越南），所需約1小時40分；曼谷航空、亞洲航空等一天約有10個班次往返暹粒～曼谷（泰國），所需約1小時～1小時20分；從新加坡、馬來西亞等地也有航班往返暹粒。若要前往首都金邊，從台灣可搭華航、長榮的直飛航班。

飛往柬埔寨的主要航空公司

航空公司	台灣的洽詢處
中華航空 (CI)	☎02-412-9000 🌐www.china-airlines.com/
長榮航空 (BR)	☎02-2501-1999 🌐www.evaair.com/
越南航空 (VN)	☎02-2567-5808 🌐www.vietnamairlines.com/
曼谷航空 (PG)	☎02-2658-0255 🌐www.bangkokair.com/
柬埔寨航空 (KR)	☎02-8502-0223 🌐www.cambodia-airways.com/

回國時的限制

主要免稅範圍

● 酒類…1公升（年滿20歲）

● 香菸…捲菸200支或雪茄25支，或菸絲1磅（年滿20歲）

● 其他…攜帶貨樣的完稅價格低於新台幣12,000元

● 貨幣…新台幣10萬以內；外幣等值於1萬美元以下；人民幣2萬元以下

主要禁止進口及限制進口物品

○毒品危害防制條例所列之毒品。
○槍砲彈藥刀械管制條例所列之槍砲、彈藥及刀械。
○野生動物之活體及保育類野生動植物及其製產品，未經行政院農業委員會之許可，不得進口；屬CITES列管者，並需檢附CITES許可證，向海關申報查驗。
○侵害專利權、商標權及著作權之物品。
○偽造或變造之貨幣、有價證券及印製偽鈔印模。
○所有非醫師處方或非醫療性之管制物品及藥物。
○其他法律規定不得進口或禁止輸入之物品。

如須申報，請填寫「海關申報單」，並經「應申報櫃」（即紅線櫃）通關。

旅遊常識

貨幣及氣候、通訊環境等當地資訊需事先確認。
此外，禮儀和習慣與台灣也有許多不同之處。

貨幣資訊

柬埔寨的貨幣單位為瑞爾（Riel），採浮動匯率制，R100＝0.78元、US$1＝約R4071（2019年6月）。紙鈔的種類有50、100、200、500、1000、2000、5000、1萬、5萬、10萬共10種，其中100、500、1000、2000、5000、1萬、5萬各有兩款樣式，50與200則幾乎很少看到。

R100≒0.78元 (2019年6月)

 R100

 R2000

 R5萬

 R500

 R5000

 R10萬

 R1000

 R1萬

貨幣兌換

暹粒當地的流通貨幣為柬埔寨瑞爾與美金，小吃店、路邊攤、摩托計程車的車資等多以瑞爾支付；以觀光客為主要客層的飯店、商店、餐廳則常使用美金，基本上只收現金但有些地方也接受旅行支票。

機場	銀行	市區	ATM	飯店
只兌換立即所需的金額	**匯率佳**	**數量多**	**24小時無休**	**安全&便利**
入境大廳就有換匯櫃檯，但一般來說匯率不佳、手續費也較高，建議先兌換前往市區的交通費等最低限度的金額。	匯率好但營業時間短，週六日、假日也不營業，較為不便。	能輕鬆換匯十分方便，除了購物商場外街上也有好幾處，但得注意每家店的匯率不一。	暹粒近來ATM已越來越普遍，機場、市區銀行也都有24小時可使用的ATM。	到櫃檯就能快速換匯，既安全又方便。但大多數飯店只針對住宿房客提供服務，匯率也不太好。

♪ 未使用完的瑞爾該如何處理？

有些銀行和匯兌所可以將柬埔寨瑞爾再換回美金，但有金額上的限制，而且一般來說匯率都很差，因此最好在回程的機場盡量用完。

ATM實用英語

●密碼…PIN/ID CODE/SECRET CODE
●確認…ENTER/OK/CORRECT/YES
●取消…CANCEL
●交易…TRANSACTION
●領取現金…WITHDRAWAL/CASH ADVANCE/GET CASH
●金額…AMOUNT
●信用卡預借現金…CREDIT CARD/cash in advance
●存款(金融卡、預付旅遊卡)…SAVINGS

 小小資訊　柬埔寨當地美金比瑞爾好用，以美金付帳但找回來的零錢多為瑞爾。

撥打電話

● 從自己的手機撥號…費用依各家電信而異，出國前請先確認。
● 從飯店客房撥號…先按外線專用號碼（視飯店而異）再撥對方的電話號碼，有時須支付手續費。
● 從公共電話撥號…必須要有電話卡。郵局有提供代撥服務，只需告知接線生對方的電話號碼，通話結束後再付費。

● **柬埔寨→台灣**
001（柬埔寨國際冠碼）-886（台灣國碼）-對方電話號碼（去除開頭的0）

● **台灣→柬埔寨**
002（台灣國際冠碼）-855（柬埔寨國碼）-對方電話號碼（去除開頭的0）

● **暹粒市內電話**（從飯店客房撥號）
外線專用號碼（視飯店而異）－對方電話號碼，不可省略區域號碼。

網路使用

● **市區**
街上有網咖店，1小時收費R2000～4000。也有只點杯飲料即提供無線上網的咖啡廳，以及如肯德基之類設有免費Wi-Fi熱點的店家。

● **飯店**
大多數的高級飯店皆提供無線上網服務，可於客房內和大廳免費上網，自備筆電、智慧型手機即可輕鬆連線。

郵件・小包裹寄送

● **郵件**
明信片、信封、郵票能在郵局或飯店櫃檯購買。除了標註「TAIWAN」、「AIR MAIL」的字樣外，住址和收件人也請用英文書寫。可至郵局窗口、郵筒投遞或拜託飯店櫃檯寄送，大約一星期左右能寄達。若是小包裹則直接至郵局窗口寄送。
郵局⊞Pokambor Ave. ☎063-963446 🕖7時30分～11時30分，14時30分～17時30分 休無
別冊MAP●P7C4

● **快遞**
DHL、FedEx等國際快遞公司都相當方便，只需一通電話就會到飯店來收件。通常3～5天即可送達。

內容	期間	郵資
明信片	7～10日	R3000
信件(20g以內)	7～10日	R3600
小包裹(500g以內)	10日～2星期	US$25左右

國際快遞公司

DHL	⊞15A, Sivatha Blvd. ☎063-964848 🕖8～12時、14～18時 休週日 別冊MAP●P5A1

小小資訊 明信片雖然可直接投入街上的郵筒但卻不常見，建議還是前往郵局或請飯店櫃檯代為寄送。若是拜託飯店幫忙的話請別忘了給些小費。

其他基本常識

●飲料水

自來水可直接生飲，但石灰質含量偏高建議購買礦泉水飲用。超市、便利商店均有售，旅遊期間最好隨時自備。

●插座與變壓器

柬埔寨的電壓為220V（50Hz）。以A型和C型的複合式插座佔多數，此外還有A、C、SE、B3型。若使用只對應110V台灣電壓的製品時就需要變壓器，有些高級飯店會提供租借服務，記得詢問看看。

●廁所

遺跡區域內皆設有公共廁所，不需過於擔心。但街上就幾乎看不到公共廁所，請多利用餐廳或飯店的廁所。市內的飯店和餐廳基本上是可按壓沖水的西式廁所，但郊區等地有時得自行舀水沖洗。

●營業時間

公司行號 （公家機關）	時8～12時、13～17時　休週六日、假日
銀行	時8～15時　休週六日、假日
商店	時8～18時(視店鋪而異)
餐廳	時10～22時(視店鋪而異)

●尺碼

※以下的尺寸對照表僅供參考，生產廠商不同多少會略有差異

女性服飾
衣服

台灣	S		M		L
美國	4	6	8	10	12
歐洲	36	38	40	42	44

鞋子

台灣	22	22.5	23	23.5	24
美國	5	5 1/2	6	6 1/2	7
歐洲	34	35	36	37	38

男性服飾
衣服

台灣	XS	S	M	L	XL
美國	34	36	38	40	42
歐洲	44	46	48	50	52

鞋子

台灣	25	25.5	26	26.5	27	27.5
美國	7	7 1/2	8	8 1/2	9	9 1/2
歐洲	40	41	42	43	44	45

●柬埔寨的物價

礦泉水
（500mℓ）
US$0.50～

漢堡
US$2.5～

咖啡
（一般咖啡廳）
US$1～

啤酒
（啤酒杯1杯）
US$0.50～

計程車
（包車4小時）
US$25～

小小資訊　在暹粒基本不需要支付小費。雖為法國殖民地時代以來的習慣，但並非絕對必要。若想表達感謝的心意，支付小額的小費即可。

突發狀況對應方式

柬埔寨的治安相對而言還算不錯，但觀光客的隨身行李遭掉包偷竊或搶劫的事件仍時有所聞。若不幸遭竊最好有心理準備應該是找不回來了，請參考下述的處理流程盡速完成相關手續。

生病時

身體極度不適時，別猶豫直接去醫院吧。可請飯店櫃檯幫忙安排醫師、病況嚴重時代為叫救護車，若有投保海外旅行平安險則撥打海外急難救助電話尋求協助。建議隨身攜帶個人常備藥會比較安心。

遭竊‧遺失時

●護照
先到警察局報案並索取遭竊（遺失）證明文件，由旅行社或代辦向我國駐胡志明市台北經濟文化辦事處申請補發護照或是核發入國證明書。

●信用卡
請於第一時間連絡發卡銀行申請掛失。接著到當地警察局報案並索取遭竊（遺失）證明文件，之後再依照發卡銀行的指示辦理手續。

應遵守的禮儀

●不可摸別人的頭
柬埔寨人相信每個人的頭上都有精靈，被人摸頭會被視為是侵犯神聖場域的侮辱舉動。遇到當地的小孩就算覺得可愛也嚴禁摸頭，請特別注意。

●神殿和寺院皆為尊崇的對象
柬埔寨約95%的人口都是虔誠的佛教徒，遊客也必須對僧侶和寺院抱持敬意。參拜神殿、寺院之際，禁止穿著會露出肩膀和膝蓋的服裝，進入祠堂時記得脫帽、脫鞋。此外，從佛像前橫穿過去也是失禮的行為。

●女性不可觸碰僧侶
遺跡內常會見到身穿橘色袈裟的僧侶，但在佛教戒律中嚴禁女性觸碰僧侶或是直接用手遞交東西。請勿過於靠近僧侶，一起入鏡拍照則OK。

旅遊便利貼

柬埔寨
台灣在柬埔寨並未設置任何館處，皆由駐胡志明市台北經濟文化辦事處代為處理。

●駐胡志明市台北經濟文化辦事處
住336 Nguyen Tri Phuong St., District 10, HO CHI MINH City, Vietnam
電境外：(8428) 38349160～65
境內：(28) 38349160～65
時週一～五8:00～12:00、13:30～17:30
休週六日、越南國定假日
網www.roc-taiwan.org/vnsgn/

●暹粒市遊客警察局
電012-555-205(外事課／英語)

●消防車 電118

●救護車 電119

●信用卡公司緊急聯絡電話
○Visa全球緊急服務中心
電1-800-888-001
○Mastercard全球緊急服務聯絡
電1-636-722-7111
○American Express全球支援服務專線
電886-2-2100-1266
○JCB PLAZA Call Center
電+81-3-3865-5486

小小資訊 行前請瀏覽外交部領事事務局的旅外安全頁面，確認當地的旅遊警示分級與重要疫情資訊。
網www.boca.gov.tw/

旅遊資訊

越南入境的流程

確定去旅行後，應立刻確認重要的出入境資訊！做好萬全的準備後前往機場。

入境越南

❶ 抵達 Arrival

胡志明市的空中入口是新山一國際機場。飛機降落後，依照看板指示前往入境審查區。

❷ 入境審查 Immigration

至「All Passport」櫃檯排隊，輪到自己時，向入境審查官出示護照與機票或電子機票。若是被詢問入境目的，請清楚回答。在護照上蓋章後就會歸還護照，至此完成審查。

❸ 提領行李 Baggage Claim

尋找寫著所搭乘飛機的航班編號之行李轉盤，領取在台灣托運的行李。萬一找不到行李，可到所搭乘班機的航空公司櫃檯出示行李牌（Claim Tag）並告知情況。拿到行李箱後也一定要當場確認有無損壞。

❹ 海關 Customs Declaration

行李若是在免稅範圍，請走免申報的「Nothing to Declare」（綠燈）櫃檯入境。若行李超過免稅範圍，請填好申報單後走「Goods to Declare」（紅燈）櫃檯。

❺ 入境大廳 Arrival Lobby

入境出口只有1個。出口前有貨幣兌換所，可先在此換錢。

入境越南時的限制

●主要攜入限制
・雖無貨幣攜入限制，但若攜帶相當於US$5000以上的外幣，或當地貨幣1500萬VND以上則需要申報。
・酒精度數20%以上1.5L，未達20%2L、啤酒3L
・香菸200支、雪茄20支、煙草250公克
・攜帶價值相當於1000萬VND以上物品也需申報。

●主要禁止攜入物品
・槍枝、爆裂物、麻藥、骨董
・會對越南的倫理道德造成不良影響之出版品等。

●海關申報單的填寫範例

❶姓名（上行名字、下行姓氏）❷性別（男性Male、女性Famale）❸出生年月日（按日／月／年 順序）❹國籍
❺護照號碼 ❻航班編號 ❼填寫日期（按日／月／年 順序）
❽簽名（與護照上一致）❾此欄空白 ❿在越南停留期間
⓫攜帶手提行李數量 ⓬後送行李數量 ⓭有暫時攜入或攜出越南的物品，或暫時從越南攜出或攜入的物品(有則請在Yes打勾) ⓮有免稅範圍以外的物品(有則請在Yes打勾)
⓯持有現金的詳細總額(VND、US$其他外幣) ⓰票據、支票的詳細總額 ⓱持有的貴金屬的數量 ⓲持有寶石的數量
⓳持有黃金的數量

出國時的注意事項

出發前1個月記得做確認

越南的入境條件

●護照剩餘的有效期限
出國時所持護照需有6個月以上效期。

●簽證
需事先辦妥旅遊簽證，一次最多可停留3個月。申請越南簽證相關規定，請向越南駐台北經濟文化辦事處查詢

查詢出發航廈

●機場的出發航廈
桃園國際機場共有第1及第2航廈。越南航空(VN)及華航(CI)都在第1航廈，長榮航空(BR)在第2航廈。

●攜帶液體物品登機的限制
攜帶超過100ml容器液體需丟棄或改託運。100ml以下裝進透明夾鏈袋即可攜帶。詳細內容請參照民航局網站💻www.caa.gov.tw/

小小資訊 申請護照的相關事宜請參照外交部領事事務局網站💻www.boca.gov.tw/

機場～胡志明市中心的交通

從台灣有直航班機到胡志明市及河內、峴港,欲從各機場前往市區,
最安心的方式就是搭乘計程車。

胡志明市新山一國際機場

MAP 別冊 P10B1

San bay quoc te Tan Son Nhat

位在距離市中心8km的西北方,也被稱為「胡志明市國際機場」。IATA代碼
為「SGN」。另外還有國內線航廈,小心不要弄錯了。

近代設計的機場

國際線航廈Level 1(台灣的2樓)是入境大廳、Level 0
(台灣的1樓)是提領行李處。出境報到櫃檯在Level 2(台
灣的3樓)。

機場平面圖

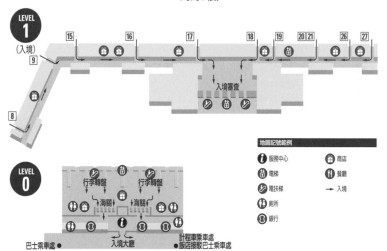

地圖記號範例	
ℹ️ 服務中心	🏪 商店
🛗 電梯	🍴 餐廳
⬆️ 電扶梯	→ 入境
🚻 廁所	
💰 銀行	

交通速查表

※不要搭乘會招攬客人的個人計程車較好

交通方式		特徵	費用(單程)	所需時間
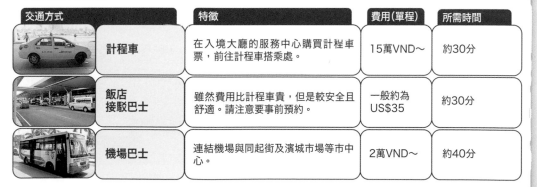	計程車	在入境大廳的服務中心購買計程車票,前往計程車搭乘處。	15萬VND～	約30分
	飯店接駁巴士	雖然費用比計程車貴,但是較安全且舒適。請注意要事前預約。	一般約為US$35	約30分
	機場巴士	連結機場與同起街及濱城市場等市中心。	2萬VND～	約40分

出境越南

① 報到 Check-in

至出境大廳（3樓）的報到櫃台出示機票（電子機票收據）與護照給櫃檯人員。托運行李等物品後，領取行李條（Claim Tag）及登機證。若要退稅請於出境審查前辦理。

② 海關 Customs Declaration

向工作人員出示登機證與護照，並通過X光機檢查手提行李。與台灣一樣有攜帶液體限制請務必注意（→P114）。

③ 出境審查 Immigration

到「All Passport」的位置排隊等待出境審查。至審查櫃檯後出示護照及登機證。

④ 安全檢查 Security Check

確認是否為本人以及檢查手提登機行李。向工作人員出示登機證與護照。脫掉外套、腰帶，把手機及PC、零錢放進托盤通過X光機檢查。

⑤ 登機 Boarding

30分鐘前至登機門等候。有免稅店及餐廳、按摩店，可趁登機前逛一逛。

●台灣～越南所需時間
（直航）

出發地	所需時間
桃園國際機場	3～4小時

●從台灣直飛越南的航空公司

航空公司	台灣的洽詢處
越南航空 （VN）	☎03-3508-1481 URL www.vietnamairlines.com
中華航空 （CI）	客服專線 ☎02-2412-9000 URL www.china-airlines.com/tw/zh
長榮航空 （BR）	客服專線 ☎02-2501-1999 URL www.evaair.com/zh-tw/index.html

出境審查後才有免稅店

出境審查後的按摩店。足部(US$20/20分)、肩膀&頭部(US$25/20分)、身體按摩(US$65/60分)

♪ 別忘了辦理VAT退稅手續

加查稅(VAT)的退稅手續需要於出境前與出境後的2處專用櫃台辦理。帶著收據到專用櫃台蓋關稅印章，出境後至銀行櫃檯辦理退稅。別忘了辦理出境前手續。退稅條件→P120。

小小資訊 同樓層除了按摩店，也有咖啡廳與餐廳，在登機前可以悠閒度過。

旅遊常識

貨幣與氣候、通訊環境等當地資訊要事先確認。
此外，禮儀和習慣與台灣也有許多不同之處。

travel

貨幣資訊

越南的貨幣為越南盾(VND)。採浮動匯率制，1萬VND=約13元(2019年6月)。紙鈔種類有100、200、500、1000、2000、5000、1萬、2萬、5萬、10萬、20萬、50萬共12種，不過100、200、500VND紙鈔幾乎不在市面上流通。越南已經廢止使用銅板，市面上已不再流通。

1萬VND≒13元 (2019年6月)

1000VND

1萬VND

10萬VND

2000VND

2萬VND

20萬VND

5000VND

5萬VND

50萬VND

貨幣兌換

可在機場、銀行、飯店櫃檯等地兌換。銀行為週六日休息。市區的匯兌所雖然營業時間長相當方便，但是由於會有黑心業者，請務必於當場確認金額是否正確。

機場	銀行	市區的匯兌所	ATM	飯店
前往市區的交通費	**週六日休息**	**營業時間長非常方便**	**可用英語操作**	**安全&便利**
位於抵達樓層，可將手邊的現金兌換成VND。假日與深夜也照常營業。	數量眾多很方便。營業時間一般為週一～週五7時30分～11時30分、13時30分～16時。由於週末休息，請務必注意。	位在鬧區方便兌換，但難免有黑心業者。兌換時得當場確認金額數目。	除了銀行，超商及購物中心也都有設置機台，可選擇英文操作介面。	在櫃台可以兌換。匯率及手續費雖然多少貴一些，但地點讓人放心也較為安全是最大優點。

♪ **未使用完的越南盾該如何處理？**

一般來說再換回台幣的匯率都很差，因此最好在回程的機場盡量用完。

ATM實用英語
- ●密碼…PIN/ID CODE/SECRET CODE
- ●確認…ENTER/OK/CORRECT/YES
- ●取消…CANCEL
- ●交易…TRANSACTION
- ●領取現金…WITHDRAWAL/CASH ADVANCE/GET CASH
- ●金額…AMOUNT
- ●信用卡預借現金…CREDIT CARD/cash in advance
- ●存款(金融卡、預付旅遊卡)…SAVINGS

小小資訊　在當地欲以台幣兌換VND時，匯率多少要看匯率表中的現金「BUYING」欄。

撥打電話

●街上沒有公共電話,在胡志明市得利用飯店客房內的電話,或使用自己的手機。若有攜帶手機,可在當地購買手機儲值SIM卡使用。至中央郵局旁的Mobifone購買1張5萬VND(通話費另計),也可撥打國際電話。購買時需要出示護照,額度用完可以購買5萬VND、10萬VND儲值繼續使用。

※2018年9月以後,越南的手機號碼變更為10碼。

舊	120	121	122	126	128	123	124	125	127	129	162	163	164	165	166	167	168	169	186	188	199
新	70	79	77	76	78	83	84	85	81	82	32	33	34	35	36	37	38	39	56	58	59

●越南→台灣

00 (越南國際冠碼) - 886 (台灣國碼) - 對方電話號碼 (去掉第一個0)

●台灣→越南

002 (台灣國際冠碼) - 84 (越南國碼) - 對方電話號碼 (去掉第一個0)

※可輸入002、005、006、007、009、019等。

●胡志明市內電話(從飯店客房撥打)

若是從飯店客房撥打出去,需先輸入外線專用號碼(視飯店而異)-對方電話號碼。不需輸入市外區碼028。

網路使用

●市區

市區的咖啡廳及餐廳等皆提供免費Wi-Fi使用。登入時需輸入密碼,通常都會標示在桌上的菜單架及收據上。若沒有標示則可詢問店員。

●飯店

幾乎所有飯店皆提供有線LAN及Wi-Fi服務。登入時得輸入密碼,若需付費,通常以1小時或1天為單位,費用視飯店有所差異,最好事先向飯店做確認。另外也可利用有設置PC的商務中心等設施。

郵件、小包裹寄送

●郵件

以航空方式寄明信片或信件到台灣約需1～2週時間。寄達地址及收件人寫中文即可,記得以英文清楚寫上「TAIWAN」和「AIR MAIL」,建議直接將郵件攜至中央郵局寄送速度較快且有保障。小物可以到郵局以小包裹、EMS(國際快捷)方式寄送。中央郵局也提供A4尺寸紙張傳真服務,1張約1萬7000VND。

中央郵局📍2 Cong Xa Paris 📞028-38221677
🕐7時30分～19時(週六、日為8～18時) 🈳無
別冊MAP●P14A1

●快遞

DHL、FedEx等國際快遞公司都相當方便,只需一通電話就會到飯店來收件。通常3～5天即可送達。

內容	期間	郵資
明信片	約1週	1萬500VND
信件(20g以內)	約1週	1萬5000VND
小包裹(500g以內)	約1週	15萬VND

國際快遞公司

DHL	📞028-38446203 🕐8～17時 🈳週日
FedEx	📞028-39480370 🕐8～19時(週六～16時) 🈳週日

小小資訊 在國外使用手機時要注意國際漫遊費用。不使用時記得關掉國際漫遊,或使用計量型上網方案。

其他基本常識

●飲料水

由於無法生飲自來水，請購買礦泉水飲用。除了高級餐廳以外，也請小心加在飲料中的冰塊。礦泉水為越南出產，也有許多國外進口的礦泉水，可以在超市及超商以1萬VND左右購買到500ml礦泉水。

●插座與變壓器

電壓主要為220V(50Hz)，與台灣的電壓110V(60Hz)不一樣，因此需要變壓器。內有變壓器的製品則可以直接使用。插頭種類與台灣一樣屬於A型或者C型。很多插座都可兼用A型與C型插頭。

C型

●廁所

市場與巴士總站等地的公共廁所多半採用蹲式，不但不乾淨且需付費，建議盡量在飯店或餐廳解決。大部分的廁所都必須把衛生紙丟進一旁的垃圾桶裡，不能丟進馬桶。建議隨身攜帶衛生紙以便不時之需。

●營業時間

公司行號	時8～17時　休週六、日、假日
銀行	時8時～11時30分、13～16時　休週六、日
商店	時9～21時　休無
餐廳	時9～22時　休無

●尺寸

※下表為參考值。越南除了採用歐美尺寸外，也採用和台灣相同的S、M、L。版型隨品牌有所不同，建議一定要試穿。

女性服飾

衣服

台灣	S		M		L
美國	4	6	8	10	12
歐洲	36	38	40	42	44

鞋子

台灣	22	22.5	23	23.5	24
美國	5	5 1/2	6	6 1/2	7
歐洲	34	35	36	37	38

男性服飾

衣服

台灣	XS	S	M	L	XL
美國	34	36	38	40	42
歐洲	44	46	48	50	52

鞋子

台灣	25	25.5	26	26.5	27	27.5
美國	7	7 1/2	8	8 1/2	9	9 1/2
歐洲	40	41	42	43	44	45

●越南的物價

礦泉水 (500ml) 1萬VND左右	儂特利 的漢堡 2萬5000VND	咖啡 (咖啡廳) 4萬VND	啤酒 (啤酒杯1杯) 3萬VND	小型計程車 (起跳價) 1萬1000VND

 小小資訊　越南的長度(cm、m)及重量(g、kg)單位和台灣相同。

觀光

●拍照
原則上在觀光景點都可以自由拍照，不過博物館及美術館館內則多半禁止。胡志明市人民委員會大廳前的步道也禁止拍照，但由於是很受歡迎的拍照紀念景點，只要稍微遠離幾步就不太會被喝止。

●抽菸
越南政府制定了國家禁菸週，對抽菸的規定日趨嚴格，但只要照規矩來，抽菸就不會是問題。寺院及博物館等公共設施的外頭會設置菸灰缸，想抽菸就到這裡。到了餐廳等餐飲店最好先向店員確認此處是否禁菸。在超商或超市購菸

時，與台灣一樣都是以盒為單位，但攤販所販賣的香菸是以1支為單位。

美食

●需穿著正式服裝嗎？
在越南只要不是特別高級的餐廳，一般都不需穿著正式服裝。也不特別講究餐桌禮儀，不過要注意的是當地並沒有把湯碗直接拿起來喝的習慣，建議用湯匙舀起桌上湯碗內的湯來喝。

●在餐桌結帳
用完餐後可請店員到桌邊結帳。很多餐廳需另付5%服務費及加值稅(VAT)，拿到收據後記得做確認。不需付小費。近年來可刷卡的餐廳有增加的趨勢。事先確認是否需要手續費再使用較好。

●擦手巾需付費
到餐廳入座後，會看到餐桌上放著冰得沁涼的擦手巾，用來擦臉擦脖子很舒服，不過這可不是免費的，一個多半需付2000～4000VND左右。

飯店

●入住／退房
可入住時間大多在14時左右，退房時間約12時。若回國班機在晚上，也可要求延遲退房。這項服務通常得另外付費預約，可使用客房至18時左右。入住前及退房後都可以將行李寄放在櫃檯。

●需要付小費嗎？
越南雖然沒有收小費的習慣，但也可以支付一些表示心意。在飯店付給行李員或整理客房的清潔人員小費行情約各2萬VND。

●以美元付款
越南現在皆已統一以VND標示價格，不過一部分飯店及餐廳仍然可以美元支付，匯率則視飯店與餐廳有所差異。

購物

●寄放行李後購物
為了防止順手牽羊，一般超市在入口旁都會設有置物櫃（免費），並有工作人員在旁。進店前得先寄放行李，領取置物櫃鑰匙，或把行李交給工作人員並領取號碼牌。貴重物品可裝進隨身小包攜帶進入。

●適當殺價
在市場購物殺價是必要的，但也不能隨便亂喊價，行情約為訂價的7～8折。不過若是在濱城市場那樣有很多觀光客的地方，商家難免一開始會訂很高的價格。殺價後卻不買是非常失禮的行為，最好避免。

●退稅手續
購物時會收取10%的加值稅(VAT)。外國旅客若在指定商店購買一定金額的商品後，回國前可在機場辦理退稅手續。詳情請參照www.gdt.gov.vn/（英語）。
○退稅條件
・在同一天一家店購買總金額達200萬VND以上商品
・需出示購物商店開立的收據（購買後60天內）、購物商店開立的退稅單、護照、登機證、所購買之未使用商品
○退稅步驟
帶著收據到出境前與出境後的2處專用櫃檯蓋關稅印章，出境後至銀行櫃檯辦理退稅。

突發狀況對應方式

胡志明的治安還算可以，但也得小心扒手及小偷。另外機車搶劫事件很常見，隨身包包最好斜背或拿在前面，行走時盡量遠離車道。

♥ 生病時

身體狀況要是越來越不對勁，就趕快上醫院。若在飯店，只要通知櫃檯就會幫忙連絡醫生，有投保的旅客透過當地窗口轉介可安排至合作醫院看診。建議最好隨身攜帶常備藥，以免當地的藥品造成身體不適。

遭竊・遺失時

●護照
萬一護照被偷（遺失），先至警察局申請遺失證明，拿著遺失證明及身分證到駐越南台北經濟文化辦事處，辦理一個月效期之入國證明書，以及致越南境管單位信函，持憑向越南境管單位補辦出境簽證後才能搭機回國。

●信用卡
為預防盜刷，請立即與發卡銀行連絡並掛失信用卡，之後再按照發卡公司的指示處理。

★ 突發狀況範例

●被從後面騎過來的機車搶走皮包。
⇒皮包不要拿在靠車道側，單肩包請斜背。貴重物品記得分散放在不同的地方，萬一遇害可以減少損失。

●在飯店櫃台辦理入住、退房手續時，放置的行李被偷了。
⇒地上的行李要放在雙腳之間，手提包拿著不離身，不讓行李離開視線範圍。用餐時也要多加小心掛在椅背上的外套或皮包。

●在鬧區被說著一口流利中文的人引誘去夜店等處，結帳時的帳單高得不合理。
⇒不要輕易相信操著流利中文的人，也不要隨便將來歷不明的飲料喝下肚。

●市中心急速的車子很多，容易發生危險。
⇒絕不走沒有斑馬線的地方，最好與當地人一起過馬路。

越南

●駐越南台北經濟文化辦事處（河內）
🏠20A Floor, PVI Tower, No.1, Pham Van Bach Road, Yen Hoa Ward, Cau Giay District, Hanoi
☎024-38335501
🕗8時30分～12時、13時30分～17時30分
🚫週六、日、國定假日
🌐www.roc-taiwan.org/vn/index.html

●駐胡志明市台北經濟文化辦事處
🏠336 Nguyen Tri Phương St., Dist. 10, Ho Chi Minh City
☎028-8349160～65
🚫8時～12時、13時30分～17時30分
🚫週六、日、國定假日
🌐www.roc-taiwan.org/vnsgn/index.html

●警察 ☎113

●消防車 ☎114　●救護車 ☎115

●信用卡公司緊急聯絡中心
○VISA全球緊急服務中心
　☎1-303-967-1090
○MasterCard全球服務中心
　☎1-636-722-7111
○JCB全球熱線
　☎1-213-688-00941
○American Express報失補領專線
　☎886-2-2719-0707

台灣

●越南駐台北經濟文化辦事處
🏠台北市松江路65號3樓
☎02-2516-6626

●機場
○桃園國際機場第一航廈
　☎03-2735081
○桃園國際機場第二航廈
　☎03-2735086
　🌐www.taoyuan-airport.com/
○高雄小港國際機場
　☎07-8057631（國際線服務電話）
　🌐www.kia.gov.tw/

 可上外交部領事事務局網站的旅外安全資訊頁面，確認當地治安狀況和旅遊警示分級。
🌐www.boca.gov.tw/

\ 來填寫使用吧 /
行前準備memo

首先參考旅遊季節(→P10‧74)，
決定服裝與攜帶物品。
在出發前也填寫便利memo。
有時間時思考要買什麼伴手禮送給誰。

托運行李清單

☐ **鞋子**
除了好走的平底鞋之外，有一雙外出鞋也很方便

☐ **包包**
方便隨身攜帶的小包包。吃早餐及午餐時，只要放入錢包與手機就好

☐ **衣服類**
選擇便於洋蔥式穿法、不容易有皺褶產生的材質

☐ **貼身衣物類**
準備3套換洗較佳。也別忘記襪子了

☐ **潔牙用具**
有很多飯店沒有提供牙刷牙膏

☐ **洗臉用具**
卸妝產品、洗面乳等

☐ **化妝品**
粉底、唇膏、眼影、腮紅、眉筆等

☐ **防曬乳**
在陽光強烈的夏天要準備防曬係數高的產品

☐ **盥洗用品**
由於飯店也備有沐浴乳等用品，沒有特別講究的話就不需要

☐ **拖鞋**
有旅行用折疊拖鞋及免洗拖鞋會比較方便

☐ **常備藥**
止瀉劑、胃藥及綜合感冒藥等。有漱口水更好

☐ **女性生理用品**

☐ **變壓器、充電器、充電池**
需要攜帶內建變壓器的海外旅行用機器或變壓器

☐ **購物袋**
輕巧好摺疊的購物袋較為方便

☐ **摺疊傘**
當旅行時期是雨季時，和雨衣都是必備

☐ **泳裝**
也可於當地購買

☐ **涼鞋**
防水的較佳

☐ **太陽眼鏡**

☐ **帽子**

有清潔用品及摺疊衣架等比較方便。若有預定要在熟食店及超市購買食材的人，也別忘記筷子跟免洗叉子

除購物袋之外，也準備一些塑膠袋。可用在放濕掉的物品或購買液體物品上。

免費託運行李根據航空公司有不同重量與尺寸規定，請記得確認詳細。此外，託運行李在運送過程有可能會破損，保險起見有行李箱束帶較佳。

分類行李可以利用收納袋及小袋子。

在行李箱底層放入較重的行李（鞋子及盥洗用品等）

手提行李清單

☐ **護照**
絕對不能忘記！
出發前請再次確認

☐ **信用卡**

☐ **現金**
除了當地使用的貨幣外，
也別忘記在台灣使用的
交通費

☐ **相機**
也準備備用電池及
記憶卡吧

☐ **手機**
有計算機功能的手機
也可以代替計算機

☐ **原子筆**
在填寫出入境卡、
海關申報單時需要

☐ **旅行計畫表**
（電子機票）

☐ **面紙**

☐ **手帕**

☐ **護唇膏**

☐ **披肩／口罩**
（有需要的人）
由於飛機內很乾燥，
有口罩比較方便

推薦可以
肩背的包包

叩叩世界

別忘了

PASSOKU

不能放入手提行李的物品

攜帶液體物品登機有限制(→P106)。髮膠等氣膠類、護唇膏等凝膠狀類都包含在液體物品之內，請務必注意。此外，禁止攜帶任何刀類上機，在飛機內無法使用的物品都盡量放入行李箱內吧。

在飛機內填寫入境
卡及申報單時使用

便利memo

護照號碼	去程航班編號
護照的發照日期	回程航班編號
護照的效期截止日期	出發日
飯店	回國日

伴手禮清單

贈 送 給 誰	贈 送 物 品	預 算

ANGKOR WAT /
HO CHI MINH

時尚・可愛・慢步樂活旅

國家圖書館出版品預行編目（CIP）資料

吳哥窟 胡志明 / JTB Publishing,Inc.作；
　　許懷文翻譯. -- 第一版. -- 新北市：
　　人人, 2019.10
　　面；公分. --（叩叩世界系列；24）
ISBN 978-986-461-194-2（平裝）
1.旅遊 2.越南 3.吳哥窟古城

738.39　　　　　　　　108012885

【叩叩世界系列 24 】

吳哥窟‧胡志明

作者／JTB Publishing, Inc.

翻譯／許懷文

校對／鄭雅文

編輯／林庭安

發行人／周元白

出版者／人人出版股份有限公司

地址／23145 新北市新店區寶橋路235巷6弄6號7樓

電話／（02）2918-3366（代表號）

傳真／（02）2914-0000

網址／http://www.jjp.com.tw

郵政劃撥帳號／16402311 人人出版股份有限公司

製版印刷／長城製版印刷股份有限公司

電話／（02）2918-3366（代表號）

經銷商／聯合發行股份有限公司

電話／（02）2917-8022

第一版第一刷／2019年10月

定價／新台幣320元
　　　　港幣107元

日本版原書名／ララチッタ　アンコールワット　ホーチミン
日本版發行人／宇野尊夫
Lala Citta Series
Title: ANGKOR WAT, HOCHIMINH
©2018 JTB Publishing, Inc.
All Rights Reserved
First published in Japan in 2018 by JTB Publishing, Inc. Tokyo
Chinese translation rights arranged with JTB Publishing, Inc.
through CREEK & RIVER Co., Ltd Tokyo
Chinese translation copyright © 2019 by Jen Jen Publishing Co., Ltd.

Find us on
人人出版・人人的伴旅

人人出版好本事
提供旅遊小常識＆最新出版訊息
回答問卷還有送小贈品
部落格網址：http://www.jjp.com.tw/jenjenblog/

吳哥窟・胡志明市
別冊 MAP

CONTENTS

MAP 記號索引

H	飯店	⊕	郵局
ⓘ	觀光服務處	⊞	醫院
✈	機場	⊗	警察局
♀	巴士站	◆	學校・市公所
⚱	銀行	卍	寺院
		⛪	教堂

N

0　　　　　3km

O. Klox

西大人工湖
WEST BARAY

西美蓬寺
West Mebon

Barai Lake

Prasat Ta Noreay

暹粒國際機場
Siem Reap International Airport

Prasat Trapeang Ropou

Prasat Prei

往詩梳風

國道6號

Pacific Hotel

Royal Angkor International Hospital P72

P59 L'Auberge Restaurant

P61 Café Moi Moi

戰爭博物館 P56
War Museum

吳哥窟復華德飯店
Angkor Howard

Empress Angkor

Angkor Miracle

P36 Cambodia Tea Time

吳哥溫泉度假村 P71
Angkor Village
Botanical Resort & Spa

P55 柬埔寨民俗文化村
Cambodian Cultural Village

瑞飯店 P72
Ree Hotel

P56 萬人塚
Killing Field

暹粒市警察局
Tourist Police

Angkor COEX

JHC Angkor Tour

P46 Sketch Travel

P69 暹粒花園皇宮度假村
Angkor Palace Resort & Spa

P55 吳哥國家博物館
Angkor National Museum

售票處 P12
Sokha Palace
Siem Reup

Apsara Rd.

P71 吳哥城飯店
City Angkor Hotel

P38 Eat at Khmer

P31、57 Crystal Angkor

Phsa Samaki

Smiling

P16、30、63 舊市場
Old Market(Phsa Chas)

別冊P4

沙樂市場 P63
Phsa Leu

高棉傳統織物研究所
Institute for Khmer Traditional Textiles

Spa Khmer P67

暹粒
Siem Reap

Wat Chedei

Prasat Rsei

Wat Athvea

Prasat Kuk O Chrung

往洞里薩湖 P39、56
Tonle Sap Lake

上部 (吳哥城區域)

P15 癲王台
Terrace of Laper King

Prasat Prei

Prasat Tonle Snguot

寶劍塔 P24、53
Preah Khan

P15 空中宮殿
Phimeanakas

北大門
North Gate

Krol Romeas

P54
塔瑪儂寺
Thommanon

Ta Nei

聖琶麗寺
Preah Palilay

聖佛寺
Preah Pithu

塔高寺 P24、
Ta Keo

P15 王宮
Royal Palace

北喀霖寺
Khleang N.

P15 巴普昂寺
Baphuon

南喀霖寺
Khleang S.

勝利門
Victory Gate

周薩神廟 P53
Chau Say Tevoda

巴戎寺 P14
Bayon

東門
(死者之門)
East Gate

P23、52 塔普倫寺
Ta Prohm

P15 鬥象台
Elephant Terrace

大吳哥城 P13、52
Angkor Thom

Kapilapura

P54 Kongkear Angkor搭乘處
Baksei Chamkrong

南大門
South Gate

P21 巴肯寺
Phnom Bakheng

Ta Prohm Kel

吳哥窟熱氣球 P17
Angkor Balloon

Artisans Angkor

吳哥窟 P17、52
Angkor Wat

Angkor Café

Siem Reap River

02

區域
Navi

參觀吳哥遺跡群必須要有門票，而且只能在B3的售票處（收費站）購買。暑假、過年期間的遊客人數眾多，安排行程時請預留充分的時間。

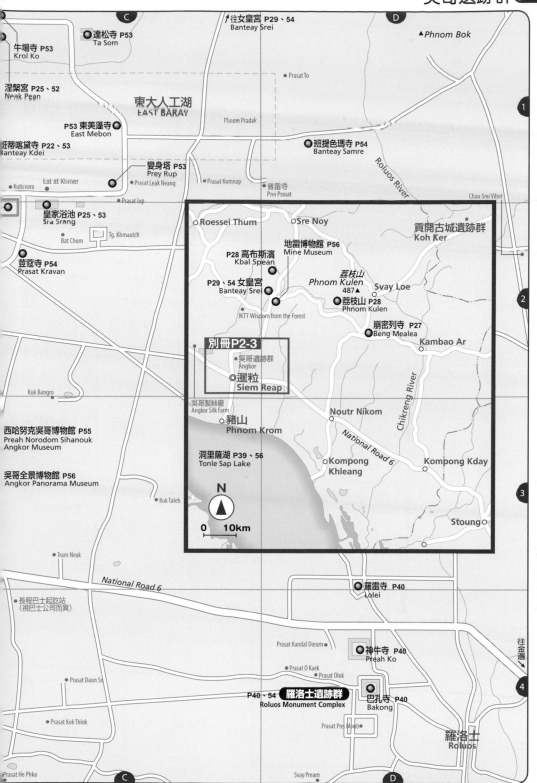

牛場寺 P53
Krol Ko

達松寺 P53
Ta Som

往女皇宮 P29、54
Banteay Srei

▲Phnom Bok

涅槃宮 P25、52
Neak Pean

Prasat To

東大人工湖
EAST BARAY

Phnom Pradak

貢開古城遺跡群
Koh Ker

Roluos River

P53 東美蓬寺
East Mebon

班提喀黛寺 P22、53
Banteay Kdei

班提色瑪寺 P54
Banteay Samre

變身塔 P53
Prey Rup

• Kuticvara
Eat at Khmer

• Prasat Leak Neang
• Prasat Komnap

普雷寺
Prei Prasat

Chau Srei Vibot

• Prasat Iop

皇家浴池 P25、53
Sra Srang

• Bat Chum
Tg. Khmautch

• Roessei Thum

• Sre Noy

地雷博物館 P56
Mine Museum

荳蔻寺 P54
Prasat Kravan

P28 高布斯濱
Kbal Spean

荔枝山
Phnom Kulen
487▲

Svay Loe

P29、54 女皇宮
Banteay Srei

荔枝山 P28
Phnom Kulen

IKTT Wisdom from the Forest

崩密列寺 P27
Beng Mealea

Kambao Ar

別冊P2-3

吳哥遺跡群
Angkor

• Kuk Bangro

◎暹粒
Siem Reap

吳哥製絲廠
Angkor Silk Farm

Noutr Nikom

Chikreng River

西哈努克吳哥博物館 P55
Preah Norodom Sihanouk
Angkor Museum

豬山
Phnom Krom

National Road 6

吳哥全景博物館 P56
Angkor Panorama Museum

洞里薩湖 P39、56
Tonle Sap Lake

Kompong
Khleang

Kompong Kday

• Kuk Taleh

N

0   10km

Stoung

• Tram Neak

National Road 6

羅雷寺 P40
Lolei

• 長程巴士起訖站
（視巴士公司而異）

Prasat Kandal Dœum

神牛寺 P40
Preah Ko

往金邊

• Prasat Daun So

• Prasat O Kaek
Prasat Olok

• Prasat Kok Thlok

P40、54 羅洛士遺跡群
Roluos Monument Complex

巴孔寺 P40
Bakong

Prasat Pre Monti

羅洛士
Roluos

• Prasat He Phka

Svay Pream

♪暹粒全域圖

P66 Le Meridian Angkor Spa
P60 L'Angelo
往吳哥窟↑ P17、52
Rajabori Angkor Market

吳哥艾美飯店
Le Meridien Angkor

Jayavarman VII Children's Hospital(Kantha Bopha)

多功能館

(建設中)

Angkor Rice Wine Work Shop
Apsara Rd.

Chai Angkor P67

P31、70 吳哥索菲特佛基拉飯店
Sofitel Angkor Phokeethra Golf & Spa Resort
P66 So Spa with L'Occitane

P59 L'Oasi Itariana

Regency
Angkor Cookies P37·63

Cafe Khmer Time P61

吳哥塔拉飯店 P71
Tara Angkor
CTM

Wat Preah An Kau Sai

Wat Preah An Kau Saa

公寓·店鋪

Sacred Angkor Bookshop

D'mouj

Angkor Candle P63

Rom Doul Siem Reap Restaurant P58

P62 The Museum Shop
Stadium Rd.

往暹粒國際機場

吳哥酒店 P72
Angkor Hotel

克瑪拉昂科溫泉酒店 P72
Khemara Angkor

P55 吳哥國家博物館
Angkor National Museum

別冊P6-7

P70 吳哥世紀度假飯店
Angkor Century Resort & Spa

吳哥萊佛士大飯店 P31、68
Raffles Grand Hotel D'Angkor

安縵薩拉度假村 P70
Amansara

Angkor Paradise Hotel
國道6號
St.1

Wat Po Lanka

P69 速卡吳哥度假酒店
Sokha Angkor Resort

P68 維多利亞吳哥度假村 P68
Victoria Angkor

P68 傳承套房酒店
Heritage Suites Hotel

Auberge Mont Royal d'Angkor

Tourist Office P52

王室別墅

P64 Angkor Market
St.2
St.3

Oum Chhay St.

National Rd. 6

Oum Khun St.

郵局

P71 Borei Angkor Resort & Spa

St.5

Tap Vong St.

P67 Asiaherb Association
Center Market
Bags Cafe
(Achamean St.)

暹粒河大街 Pokambor Ave.
Vithei Achasva Rd.
Siemreap River Rd.

P70 吳哥貝爾蒙德公寓
Belmond La Residence d'Angkor

P59 YOKOHAMA
Restaurant & Bar

P58 Mr.Grill

P63 吳哥夜市
Angkor Night Market

暹粒省立醫院
Siem Reap Provincial Hospital

沃波寺
Wat bo

Noon Night Market

Bun Seda Angkor Villa

Wat Preach Prohm Reat

P16、30、63 舊市場
Old Market (Phsa Chas)

Angkor Village Apsara Theatre

Angkor Village Hotel

P56、62 吳哥藝術學院
Artisans Angkor

暹粒河

Wat Dam Nak

P39、56
往洞里薩湖↙

別冊P5

區域
Navi
從國道6號往北走戴高樂路，即安縵薩拉度假村、吳哥艾美飯店等高級度假飯店林立的區域。
也很推薦利用各飯店內的餐廳或SPA，感受一下氣氛。

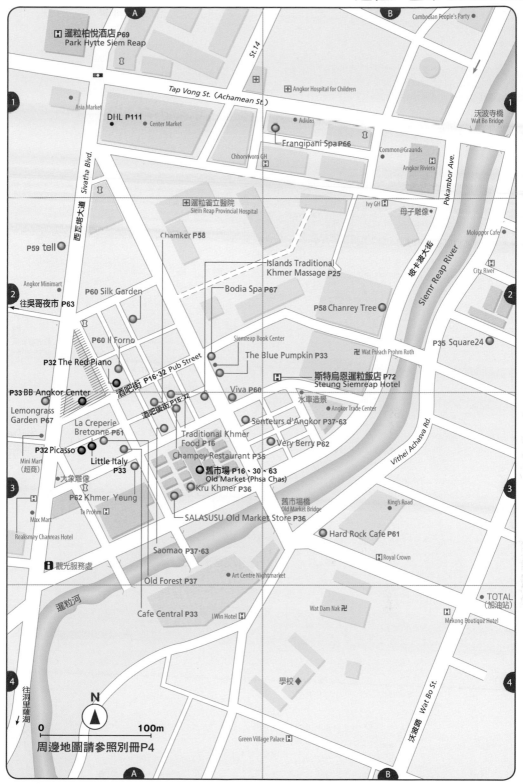

Cambodian People's Party ●

St. 14

H 暹粒柏悅酒店 P69
Park Hytte Siem Reap

Angkor Hospital for Children

沃波寺橋
Wat Bo Bridge

Tap Vong St. (Achamean St.)

Asia Market

DHL P111
Center Market

Adidas

Frangipani Spa P66

Chhorvivorn GH

Common@Graunds

Angkor Riviera

沃卡波大街 Pokambor Ave.

H 暹粒省立醫院
Siem Reap Provincial Hospital

Ivy GH H

母子雕像

Moloppor Cafe

西瓦塔大道 Sivatha Blvd.

Chamker P58

P59 tell

Angkor Minimart

Islands Traditional
Khmer Massage P25

Bodia Spa P67

City River

2 往吳哥夜市 P63

P60 Silk Garden

P58 Chanrey Tree

Siem Reap River

2

Siemreap Book Center

P35 Square24

P60 Il Forno

The Blue Pumpkin P33

卍 Wat Preach Prohm Roth

P32 The Red Piano

酒吧街 P16·32 Pub Street

H 斯特烏恩暹粒飯店 P72
Steung Siemreap Hotel

P33 BB Angkor Center

酒吧後街 P16·32

Viva P60

水車造景

Lemongrass
Garden P67

La Creperie
Bretonne P61

Angkor Trade Center

Senteurs d'Angkor P37·63

P32 Picasso

Very Berry P62

Little Italy
P33

Traditional Khmer
Food P16

舊市場 P16、30、63
Old Market (Phsa Chas)

Mini Mart
(超商)

大象雕像

Champey Restaurant P35

Vithei Achasva Rd.

P62 Khmer Yeung

Kru Khmer P36

舊市場橋
Old Market Bridge

King's Road

Ta Prohm H

Max Mart

SALASUSU Old Market Store P36

Hard Rock Cafe P61

Reaksmey Chanreas Hotel

Royal Crown

i 觀光服務處

Saomao P37·63

Art Centre Nightmarket

Old Forest P37

TOTAL
(加油站)

暹粒河

Cafe Central P33

I Win Hotel H

Wat Dam Nak 卍

Mekong Boutique Hotel

4 往洞里薩湖

N

學校 ◆

沃波路 Wat Bo St.

0   100m

周邊地圖請參照別冊P4

Green Village Palace H

A   B

● 觀光景點　● 餐廳·咖啡廳　● 商店　● 美容保養　● 夜間娛樂　H 飯店　05

往暹粒國際機場

① Banteay Srei Restaurant **P35**

吳哥天堂飯店 **P72**
Angkor Paradise Hotel

Jasmine GH

學校

Apsara

克拉瑪大和賓館 **P24**
Krorma Yamato GH

Wat Kesararam

國道6號

Tasom GH

Mother Home Inn

Starmart
(超商)

Bunnath GH

Paris Angkor

Green House

Golden Angkor

P70 吳哥世紀度假村飯店
Angkor Century Resort & Spa

P66 Century Spa

P65 Jasmine Spa

P69 速卡吳哥度假酒店
Sokha Angkor Resort

Le Connaisseur **P60**

Healthy Sens **P65**

維多利亞吳哥度假村 **P68**
Victoria Angkor

Thai Thai

Angkor Shopping Centre

Cambodia Asia Bank
Barista

Angkor Holiday

National Rd. 6

P52 觀光服務處
Tourist Office

P64 Lucky Mall

Neak Pean

P57 Lyly

Orchidee Angkor

Mith La Or GH

P64 Angkor Market

P57 Cafe Indochine

Koulen II **P31**

禁止進入

P71 王子吳哥Spa飯店
Prince d'Angkor Hotel & Spa

Master Suki Soup

Grand Sunset Angkor

St.3

Shinta Mani Shak

Cambodia Angkor Air

Curry Walla

吳哥薩瑪德維Spa
度假酒店 **P72**
Somadevi Angkor
Hotel & Spa

Oum Chhay St.

Oum Khun St.

Villa Siem Reap

Asia Herb Association **P67**

St.14

P72 森塔瑪尼吳哥飯店
Shinta Mani Angkor

Sivatha Blvd.

暹粒柏悅酒店
Park Hyatt Semreap

肯德基 KFC

Your Beauty Spa **P67**

西瓦塔大道

Cambodian People's Party

St.5

坡卡波大街

Naga GH

Tap Vong St.

Achamean St.

Asia Market

Angkor Hospital for Children

區域
Navi

屬於吳哥萊佛士大飯店所有的獨立紀念公園前，有個矗立著訶里訶羅神立像的交叉路口，
從這裡能眺望暹粒河的美麗景色。

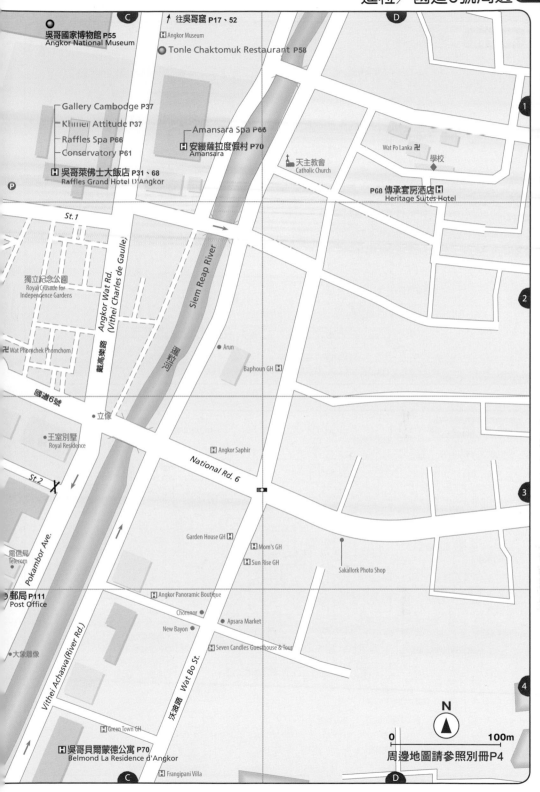

往吳哥窟 **P17、52**

吳哥國家博物館 **P55**
Angkor National Museum

Angkor Museum

Tonle Chaktomuk Restaurant **P58**

Gallery Cambodge **P37**

Khmer Attitude **P37**

Raffles Spa **P66**

Conservatory **P61**

Amansara Spa **P66**

安縵薩拉度假村 **P70**
Amansara

天主教會
Catholic Church

Wat Po Lanka 卍

學校

吳哥萊佛士大飯店 **P31、68**
Raffles Grand Hotel D'Angkor

PG8 傳承套房酒店
Heritage Suites Hotel

St. 1

Siem Reap River

獨立紀念公園
Royal Crusade for
Independence Gardens

Angkor Wat Rd.
(Vithei Charles de Gaule)

戴高樂路

卍 Wat Phomchek Phomchom

河對灘

Arun

Baphoun GH

國道6號

立像

王室別墅
Royal Residence

Angkor Saphir

St. 2

National Rd. 6

Pokambor Ave.

電信局
Telecom

Garden House GH

Mom's GH

Sun Rise GH

Sakallork Photo Shop

郵局 **P111**
Post Office

Angkor Panoramic Boutique

Chomnor

New Bayon

Apsara Market

大象雕像

Vithei Achasva(River Rd.)

沃波路
Wat Bo St.

Seven Candles Guesthouse & Tour

N

0   100m

Green Town GH

吳哥貝爾蒙德公寓 **P70**
Belmond La Residence d'Angkor

Frangipani Villa

周邊地圖請參照別冊P4

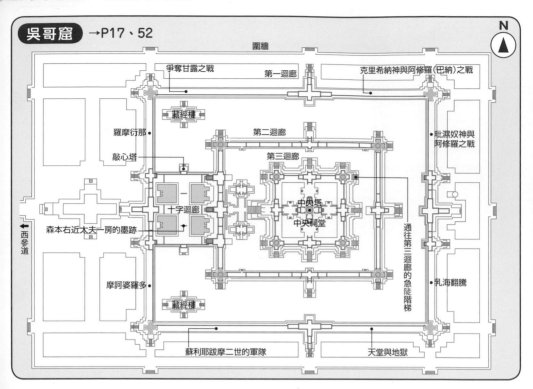

吳哥窟 →P17、52

N

- 圍牆
- 爭奪甘露之戰
- 第一迴廊
- 克里希納神與阿修羅(巴納)之戰
- 藏經樓
- 羅摩衍那
- 第二迴廊
- 毗濕奴神與阿修羅之戰
- 敲心塔
- 第三迴廊
- 中央塔
- 中央祠堂
- 十字迴廊
- 森本右近太夫一房的墨跡
- 摩訶婆羅多
- 通往第三迴廊的急陡階梯
- 乳海翻騰
- 藏經樓
- 西參道
- 蘇利耶跋摩二世的軍隊
- 天堂與地獄

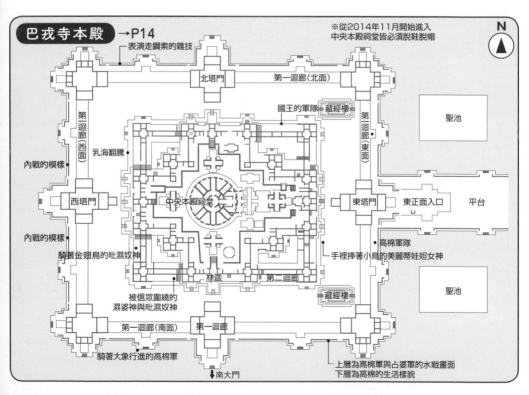

巴戎寺本殿 →P14

N

※從2014年11月開始進入
中央本殿祠堂皆必須脫鞋脫帽

- 表演走鋼索的雜技
- 北塔門
- 第一迴廊(北面)
- 國王的軍隊
- 藏經樓
- 第一迴廊(東面)
- 聖池
- 第一迴廊(西面)
- 乳海翻騰
- 內戰的模樣
- 西塔門
- 中央本殿祠堂
- 東塔門
- 東正面入口
- 平台
- 內戰的模樣
- 騎著金翅鳥的毗濕奴神
- 手裡捧著小鳥的美麗蒂娃妲女神
- 高棉軍隊
- 被信眾圍繞的濕婆神與毗濕奴神
- 林迦
- 第二迴廊
- 藏經樓
- 聖池
- 第一迴廊(南面)
- 第一迴廊
- 騎著大象行進的高棉軍
- 上層為高棉軍與占婆軍的水戰畫面
  下層為高棉的生活樣貌
- ↓南大門

遺跡Navi　基於保護遺跡的理由目前中央祠堂禁止入內，因此無法近距離欣賞女皇宮被譽為《東方蒙娜麗莎》的蒂娃妲女神。

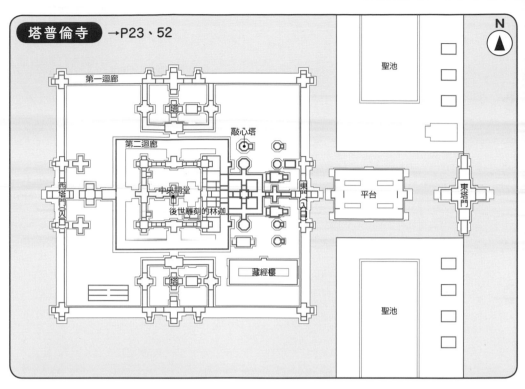

塔普倫寺 →P23、52

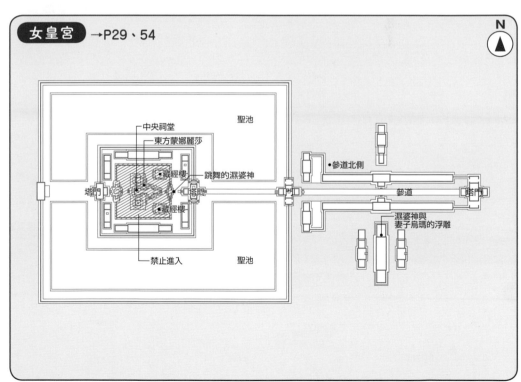

女皇宮 →P29、54

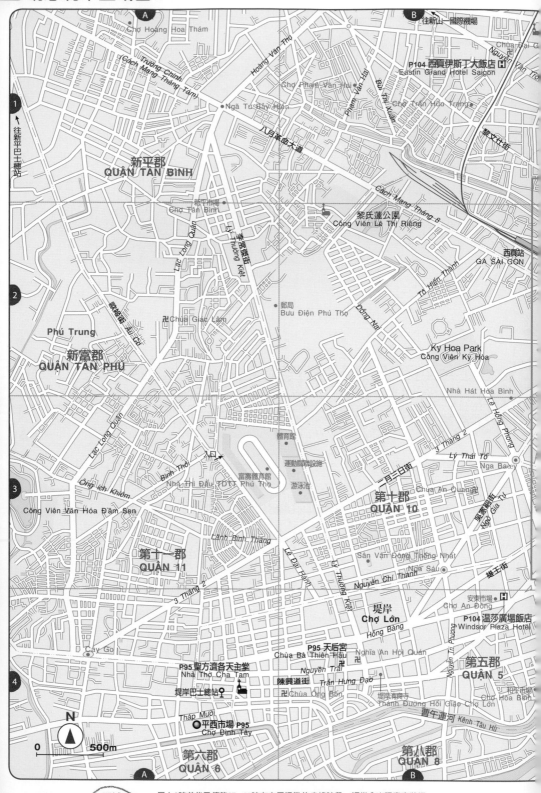

區域 Navi　早上8時前後及傍晚17～19時左右是通勤的尖峰時段，經常會出現塞車狀況，若在這些時段搭計程車移動的話請預留充裕的時間。

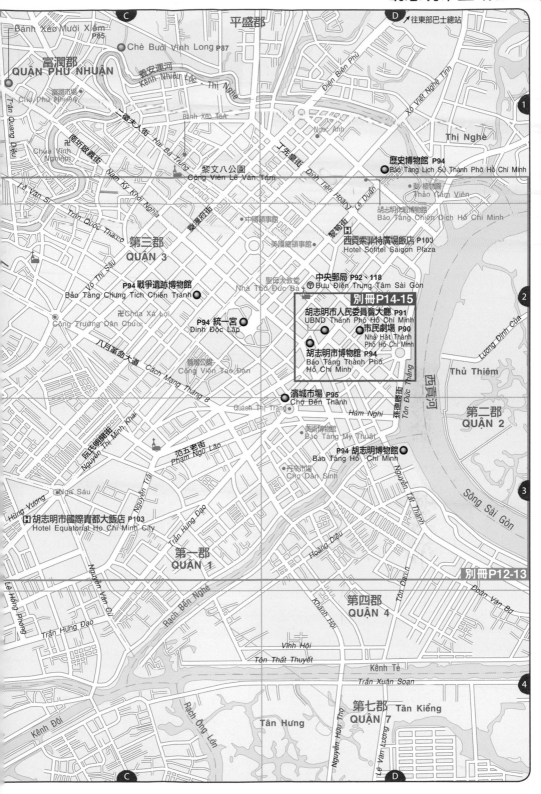

藝文仕街 NguyễnVăn Trỗi
Chợ NguyễnVăn Trỗi ●
P84 Phở Hòa
P100 YKC Beauty Spa
L'étoile
P97 An Viên
P86 Hideaway Saigon
三番天大樓
中國領事館

第三郡
QUÂN 3

商圻啟義街 Nam Kỳ Khởi Nghĩa
Pasteur
Điện Biên Phủ
Phố Cổ
Phạm Ngọc Thạch

Lê Văn Sỹ
Raffles Medical Ho Chì Minh City 田
Bảo Tàng Phụ Nữ Nam Bộ
Lê Quý Đôn
ĐH Kinh Tế
ĐH Kiến Trúc

西貢站
GA SÀI GÒN

Trương Định
P88 La maison de L' Apothiquaire
Cơm Niêu Saigon
Trần Quốc Thảo
Co-op Mart **P83**

Marina Ngọc Sương ●

P94 戰爭遺跡博物館
Bảo Tàng Chứng Tích Chiến Tranh
Võ Văn Tần
P94 統一宮
Dinh Độc Lập

Chùa Xá Lợi 卍
Ngô Thời Nhiệm
Nhà Văn Hoá Lao Động

Công Trường Dân Chủ
Nguyễn Đình Chiểu
Huyền Trân Công Chú

P97 Cơm Niêu Sài Gòn
Saigon Star Hotel 田
P101 金龍水上木偶劇院
Nhà Hát Mùa Rối Nước Rồng Vàng
Nhạc Viện Thành Phố

3 Tháng 2
八月革命大道
騷壇公園
Công Viên Tao Đàn

二月三日街
Cách Mạng Tháng 8
P99 The House of Saigo
Lý Tự Trọng
Timi

Cao Thắng
Nguyễn Thượng Hiền
New World Hotel Saigon
Lê Thị Riêng
AB Tow
Chill P101

Bàn Cờ
Võ Văn Tấn
Nguyễn Thị Minh Khai
Tôn Thất Tùng
Gosto **P99**
KFC
Nguyễn Trãi

Nguyễn Thiện Thuật
Kỳ Viên 卍
Nguyễn Đình Chiểu
Lê Lai
Phạm Ngũ

Lý Thái Tổ
Pham Viết Chánh
Công Quỳnh
田 Bệnh Viện Phụ Sản Từ Dũ
Chè Xôi
前往柬埔寨的
長途巴士站
Asian Kitchen
Elios Hotel
P104
愛麗思飯店

范五老街
市場
Bùi Viện
懷特
Lotter

Chợ Nguyễn Thái Bình

第十郡
QUÂN 10
Ngã Sáu Cộng Hoà
Hùng Vương

P103
胡志明市國際
貫都大飯店
Hotel Equatorial
Ho Chi Minh City
P103 西貢日航飯店
Hotel Nikko Saigon
一日本航空

P104 普爾曼西貢中心飯店
Pullman Saigon Centre

雄王街
Equinox Fitness& Leisure Center P101
Nguyễn Văn Cừ
Nguyễn Trãi

ĐH Sư Phạm ●

Trần Phú
第五郡
QUÂN 5
An Dương Vương
第一郡
QUÂN 1

Trần Hưng Đạo
Cô Bắc

↙往堤岸

12

區域 Navi

面騷壇公園（B2～3）的阮氏明開街上，從中午到傍晚時分有許多小吃攤，
不妨在攤販買點吃的再帶到公園慢慢享用。

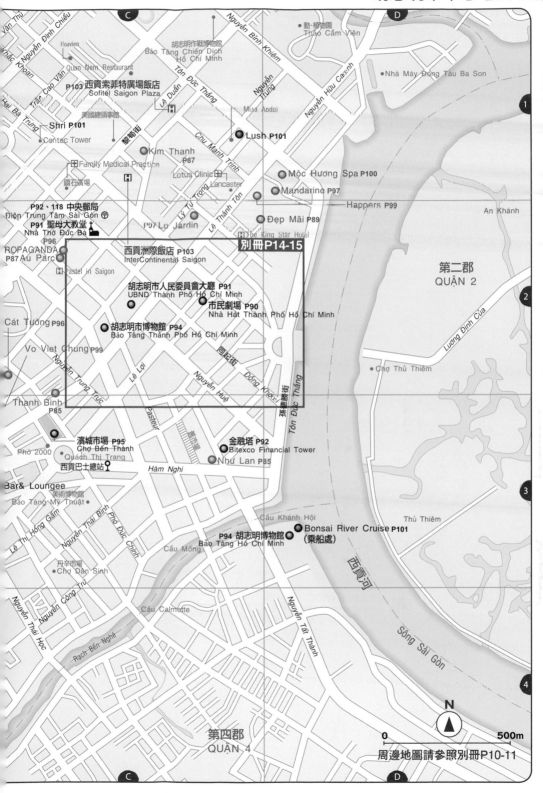

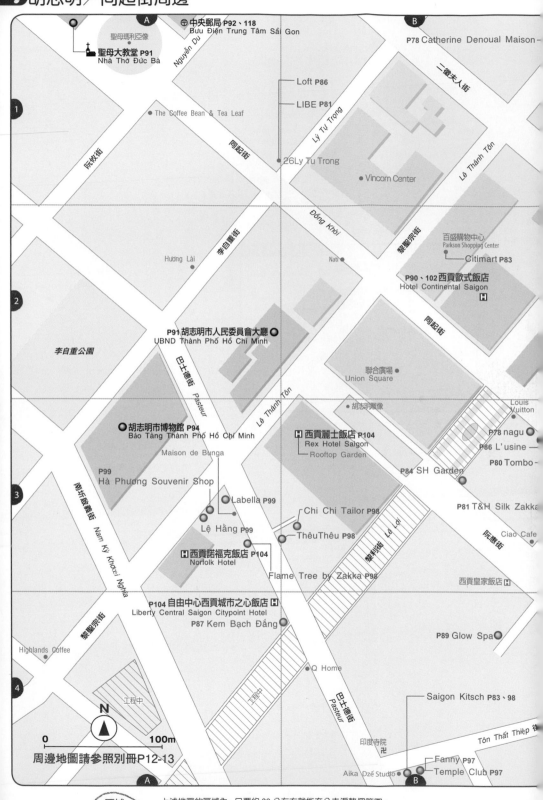

區域 Navi

上述地圖的區域內，只要約 20 分左右就能充分走遍整個範圍。
但是在酷暑時不推薦這樣走。

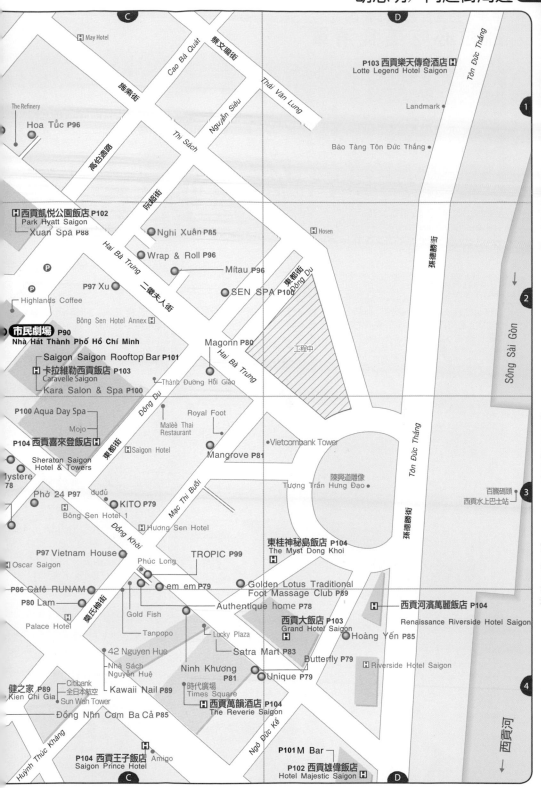

C

D

H May Hotel

Cao Bá Quát

蔡文瑞街

施素街

Thái Văn Lung

Tôn Đức Thắng

P103 西貢樂天傳奇酒店 H
Lotte Legend Hotel Saigon

高伯適路

Nguyễn Siêu

Landmark

1

The Refinery

Hoa Túc P96

Thi Sách

H Hosen

Bảo Tàng Tôn Đức Thắng

H 西貢凱悅公園飯店 P102
Park Hyatt Saigon

Xuan Spa P88

Nghi Xuân P85

阮貂街

孫德勝街

Song Sài Gòn

Hai Bà Trưng

Wrap & Roll P96

二徵夫人街

Mítau P96

東都街

Đồng Du

工程中

2

P

P97 Xu

SEN SPA P100

P

Highlands Coffee

Bông Sen Hotel Annex H

市民劇場 P90
Nhà Hát Thành Phố Hồ Chí Minh

Magonn P80

Hai Bà Trưng

Saigon Saigon Rooftop Bar P101

H 卡拉維勒西貢飯店 P103
Caravelle Saigon

Thánh Đường Hồi Giáo

Kara Salon & Spa P100

Đồng Du

Royal Foot

P100 Aqua Day Spa

Mojo

Malèè Thai
Restaurant

東都街

P104 西貢喜來登飯店 H

H Saigon Hotel

Vietcombank Tower

3

Sheraton Saigon
Hotel & Towers

Mangrove P81

Mystere
78

Phở 24 P97

đuđủ

陳興道雕像
Tượng Trần Hưng Đạo

百騰碼頭

西貢水上巴士站

KITO P79

Bông Sen Hotel 1

Mạc Thị Bưởi

Tôn Đức Thắng

孫德勝街

H Hương Sen Hotel

P97 Vietnam House

Đồng Khởi

東桂神秘島飯店 P104
The Myst Dong Khoi H

H Oscar Saigon

Phúc Long

TROPIC P99

P86 Càfê RUNAM

em em P79

Golden Lotus Traditional
Foot Massage Club P89

P80 Lam

黎氏柚街

Authentique home P78

西貢河濱萬麗酒店 H P104
Renaissance Riverside Hotel Saigon

Gold Fish

西貢大飯店 P103
Grand Hotel Saigon

H

Palace Hotel

Tanpopo

Lucky Plaza

Hoàng Yến P85

42 Nguyen Hue

Satra Mart P83

Butterfly P79

Riverside Hotel Saigon H

Nhà Sách
Nguyễn Huệ

Ninh Khương
P81

Unique P79

健之家 P89
Kien Chi Gia

Citibank
全日本航空
Sun Wah Tower

Kawaii Nail P89

時代廣場
Times Square

Đồng Nhơn Cơm Ba Cả P85

H 西貢萬韻酒店 P104
The Reverie Saigon

4

Ngô Đức Kế

西貢河

Huỳnh Thúc Kháng

H

Amigo

P104 西貢王子飯店
Saigon Prince Hotel

P101 M Bar

P102 西貢雄偉飯店
Hotel Majestic Saigon H

C

D

暹粒必吃美食清單

✿ 湯品 ✿
ស៊ុប

柬埔寨一般將湯當作配菜，與米飯搭配食用。有酸味帶勁的酸湯、添加大量蔬菜的清湯等多樣選擇。

咖哩酸湯

● សម្លម្ជូរគ្រឿងឆ្អឹងជំនីជ្រូក

基本款的豬肉湯，是以柬埔寨菜中不可或缺的鹹魚（魚發酵製成的調味料）為主角的酸味湯。

雷魚清湯

● ស្ងោរដ្រក់ត្រីរ៉ស់

以雷魚為食材的透明清湯。鹹味鮮明、口感清爽，一般會放入大量香草一起享用。

咖哩蔬菜湯

● សម្លក្ដូរ

以Tuk Trey（魚露→P59）為基底加上蔬菜、海鮮、水果煮成的湯，通常會放入鯰魚、木瓜等食材。

高棉咖哩

● ការីខ្មែរ

加入滿滿蔬菜與椰奶的柬埔寨風味咖哩，與泰國咖哩類似但味道溫和不辛辣。

椰奶豬肉酸湯

● សម្លម្ជូរខ្ទិះសាច់ជ្រូក

搭配多樣蔬菜的椰奶豬肉（Sach chrouk）湯，酸味爽口、風味濃郁。

✿ 早餐 ✿
អាហារពេលព្រឹក

對黎明即起的柬埔寨人來說，一日之始的早餐是很重要的一餐。當中也有些僅早上才吃得到的餐點樣式。

乾米線

● គុយទាវគោក

沒有湯的米線，米線即米製成的麵條。可依自己的喜好擠點萊姆汁或加辣醬享用。

米線湯

● គុយទាវទឹក

將細米線放入以蝦乾、魷魚乾熬煮而成的清湯，配料可由豬肉、雞肉、牛肉中任選。

雞肉飯

● បាយមាន់ស្ងោរ

白飯上鋪著煮至軟嫩的雞肉，食用時佐以放置桌上的魚露等醬料更是別有風味。

海鮮粥

● បបរសាច់គ្រឿងសមុទ្រ

帶鹹味的爽口風味粥，配料有肉丸和蝦、花枝等海鮮。也是很受歡迎的宵夜選項。

法式三明治

● នំបុ័ងជាក់សាច់

夾入火腿、豬絞肉餡餅、鹽漬青芒果等配料的法國麵包三明治，也可請店家將麵包烘烤一下。

走在路上常能聽見柬埔寨人互相詢問「吃過飯了嗎？」，除了確認對方吃飯了沒外，也是好友之間簡單的打招呼方式。關心朋友有沒有好好吃飯的短短一句話，背後其實蘊藏著柬埔寨人濃濃的人情味。

柬埔寨的飲食文化受到鄰近泰國、越南、中國的影響。以加了大量香草和蔬菜、口味溫和的菜色居多，也很合台灣人的口味。

✳ 前菜 & 沙拉 ✳
ប្រៀង ក្រេម · សាឡាក់

前菜以春捲和沙拉最常見。沙拉的口感清爽，通常會用木瓜、芒果之類的水果帶出鮮甜的滋味。

生春捲
● ណែម

柬埔寨風味的生春捲內餡有韭菜等多樣蔬菜。僅添加少量的香草，散發出淡淡的迷人香氣。

青芒果魚乾沙拉
● ញ៉ាំស្វាយ

以青芒果和魚乾為食材的沙拉，調味以鹹魚為基底，酸味帶勁。柬埔寨語中的沙拉唸成 Nyoam。

✳ 魚料理 ✳
ម្ហូប ត្រី

擁有洞里薩湖、河川等豐富資源的暹粒，魚是餐桌上不可或缺的食材。以淡水魚為主，有許多菜色都會使用到台灣少見的雷魚。

阿莫克魚
● អាម៉ុកត្រី

暹粒的招牌菜，將雷魚片放入椰奶中蒸煮而成。帶有獨特的酸甜味，也廣受遊客的喜愛。

炸雷魚
● ត្រីរ័ស្បំពងទឹកត្រីស្វាយ

將雷魚下鍋油炸，再淋上酸甜醬汁享用。醬汁的材料為魚露和青芒果絲。

✳ 肉料理 ✳
ម្ហូប សាច់

除了雞肉、豬肉、牛肉外，還有青蛙肉之類的選項。調味以甜甜辣辣的重口味為主，與白飯超級對味。

醬炒牛肉
● ឡុកឡាក់

炒牛肉搭配蔬菜一起吃的柬埔寨風味牛肉沙拉，與胡椒加上萊姆汁製成的醬料很合搭。

炸雞
● មាន់បំពង

大眾餐館內偶爾能見到的炸雞料理。不過只是將已調味的雞肉下鍋油炸，但多汁的口感卻讓人回味無窮。

✳ 麵 & 飯 ✳
គុយទាវ បាយ

麵基本上是使用米製成的麵條，從細麵到較粗的寬麵都有。主食與台灣一樣都是米飯，但品種為顆粒較長的香米。

炒飯
● បាយឆា

加了魚露的柬埔寨風味炒飯。配料除了蔬菜外，還有雞肉、豬肉等肉類或是蝦類等海鮮食材。

炒麵
● ឆាមីឈ្នៀង

選用加了雞蛋的黃麵，搭配蔬菜一起翻炒而成的柬埔寨風味炒麵。肉可從豬肉、雞肉、牛肉中任選。

用手一指就能鬆鬆點餐♪
胡志明必吃美食清單

❋ 沙拉＆配菜 ❋
Món Gỏi & Món Phụ

前菜的沙拉與配菜多為以大量蔬菜為食材的清淡口味，尤其用米紙包裹肉或海鮮的料理種類更是多元。

生春捲
● Gỏi Cuốn

南部

將豬肉、鮮蝦、豆芽菜、韭菜、香草、米線等食材鋪在米紙上捲起來，沾點加了花生的味噌醬享用。

炸春捲
● Chả Giò

北部

米紙包入餡料後下鍋油炸，連同香草用萵苣葉包起來一起入口。北越當地稱為Nem Rán。

涼拌青木瓜絲
● Gỏi Đu Đủ

北部

未熟的青木瓜切絲後加入蝦米、豬肉等配料，再拌入酸甜醬汁做成沙拉，口感清爽。

越南煎餅
● Bánh Xèo

南部

米穀粉和綠豆粉倒入椰奶拌勻後薄煎而成的越南風御好燒，吃的時候可用蔬菜葉包起來享用。

香茅炸豆腐
● Đậu Hủ Chiên Sả Ớt

全國

在炸豆腐灑上已調味的炸香茅與辣椒，雖然有放辣椒但完全不嗆口。

❋ 海鮮料理 ❋
Món Hải Sản

擁有壯闊湄公河與綿長海岸線的越南，新鮮魚貝料理的種類繁多。也能吃到如雷魚般台灣較不常見的食材，美味得讓人驚豔。

砂鍋魚
● Cá Kho Tộ

全國

以魚露調味的紅燒魚，南越大多使用雷魚之類的白肉魚。是一道基本款的越南家常菜，吃起來甜甜辣辣的。

羅望子炒螃蟹
● Cua Rang Me

全國

螃蟹加羅望子醬下鍋拌炒。開吃前先將大泥蟹的殼剝開淋上酸甜醬汁，再直接用手抓著大快朵頤一番吧。

炸象魚
● Cá Tai Tượng Chiên Xù

南部

象魚是在美拖等地的湄公河遊船旅程中常見的魚種，外觀雖然長得奇怪但吃起來味道清淡。

香茅蛤蠣
● Nghêu Hấp Sả

全國

香茅清蒸蛤蠣。不只蛤蠣肉、連湯頭都帶有香茅的清爽香氣，十分美味。

椰汁蒸蝦
● Tôm Hấp Nước Dừa

全國

搭配以鹽與胡椒和萊姆汁混合而成的醬料，單純享受食材的原汁原味。

越南的中部夏天酷熱，冬天寒冷。由於氣候冷熱溫差大，因此多為辛辣的重口味菜色。
阮氏王朝的首都順化就位於中越，亦為宮廷料理的發源地。

甜味、辣味、鹹味、酸味、濃味，越南人認為將所有味覺的要素融合在一起才是美味。
從主餐到湯品，渾然天成的和諧滋味正是越南菜的精髓。

❋ 肉料理 ❋
Món Thịt

越咀嚼越散發鮮味的雞肉、油脂豐富的豬肉都很美味。利用薑等辛香料去除腥臭味再以魚露或醬油調味，絕大多數都是很下飯的重口味菜色。

南部

椰汁燉豬肉和雞蛋
● Thịt Kho Nước Dừa

豬肉塊加椰汁燉煮至軟嫩，已完全入味的滷蛋也很好吃。

全國

魚露炸雞翅
● Cánh Gà Chiên Nước Mắm

雞翅用魚露醃漬後下鍋油炸，鹹鹹辣辣的口感加上酥脆外皮十分美味。

❋ 飯料理 ❋
Món Cơm

越南人以米為主食。湄公河三角洲的稻米一年能收成3次，因此也發展出許多米飯料理。與台灣的米相比水分較少，做成炒飯、炊飯都很適合。

中部

蓮葉飯
● Cơm Lá Sen

蓮子與白米包入蓮葉中蒸熟，蓮葉的香氣令人不禁食慾大開。源自於中越順化的宮廷料理。

中部

雞肉飯
● Cơm Gà

將蒸雞肉塊和烤雞肉塊放在白飯上一起享用，以雞高湯炊煮的米飯讓人吃了一碗還想再來一碗。

❋ 麵料理 ❋
Món Bún – Mì

雖然皆屬米麵條，卻有河粉、米線、粿條等各式各樣。尤其是越南人最常吃的米線，種類更是多元。

北部

河粉
● Phở

起源於河內的米麵料理，有牛肉河粉和雞肉河粉兩種基本口味。可依個人喜好添加醬料享用。

南部

粿條
● Hủ Tiếu

源自於南越的麵料理，選用富嚼勁的乾燥細米麵條，豬骨湯頭裡有鮮蝦、豬肉、韭菜、內臟等豐富配料。

❋ 飲品 ❋
Thức Uống

有法國殖民時代留下的咖啡、受到中國影響的茶飲等，呈現出豐富多樣的文化面貌。另外還有以南國蔬菜、水果製成的飲料。

全國

越南冰咖啡
● Cà Phê Đá

以滴滴壺手沖的冰咖啡。由於深烘焙的羅布斯塔咖啡豆苦味較強，因此會加砂糖或煉乳飲用。

全國

啤酒
● Bia

越南產啤酒以「333」、「Saigon」等品牌最有名，加冰塊則是越南式的喝法。

柬埔寨語＆越南語 簡單會話

中文	柬埔寨語	越南語
	柬埔寨語	**越南語** ※每個地方的越南語都略有不同。 以下列舉的是南越的越南語。
你好	ជំរាប សួរ chom reap suo	Xin chào.
謝謝	អរគុណ or kun	Cảm ơn.
是（女性用）	បាទ（ចាំ） baat（jaa）	Vâng.
不是	អត់ ទេ ah tay	Không.
請問廁所 在哪裡？	តើ បន្ទប់ ទឹក នៅ ឯ ណា？ ta bonkun nuh ae na	Nhà vệ sinh ở đâu?
我要點這一道 （點餐時）	ខ្ញុំ ចង់ យក មួប នេះ kunyom chongu yook nih	Cho tôi món này.
很好吃	ឆ្ងាញ់ ណាស់ chigan nah	Ngon quá.
請結帳	សូម គិត លុយ soam keut lui	Tính tiền.
多少錢？	នេះ ថ្លៃ ប៉ុន្មាន？ nih thalay poumaan	Bao nhiêu tiền?
請打個折	សូម ចុះ ថ្លៃ បន្តិច soam choh thalay bontee	Bớt đi.
可以試穿嗎？	តើ ខ្ញុំ អាច ពាក់ សាក បាន ឬ ទេ？ ta kunyom arch pack saa baan lutee	Tôi thử được không?
找錢的金額不對	អាប់ លុយ មិន ត្រូវ ទេ ap lui mun trau tay	Tiền thối sai rồi.
1・2・3	មួយ moi・ពីរ pi・បី bei	Một・Hai・Ba
4・5・6	បួន boun・ប្រាំ pram・ ប្រាំ មួយ pram moi	Bốn・Năm・ Sáu
7・8・9	ប្រាំ ពីរ pram pi・ប្រាំ បី pram bei・ ប្រាំ បួន pram boun	Bảy・Tám・ Chín
0・10・100	សូន soon・ដប់ dop・ មួយ រយ moi roi	Không・Mười・ Một trăm